Juliette Renaud

Lecture DOC

Apprendre à comprendre des textes documentaires

CM1

CM2

RETZ
editions-retz.com

Juliette Renaud, maitresse de conférences à l'INSPE Centre Val de Loire (Université d'Orléans)

Enseignante dans une première vie, Juliette Renaud reprend des études en sciences de l'éducation et découvre les travaux de Roland Goigoux sur l'enseignement de la lecture des textes narratifs. Elle décide de se spécialiser dans l'enseignement de la lecture documentaire en débutant une thèse sous la direction de Roland Goigoux. Elle a la chance de bénéficier de son expertise en travaillant à ses côtés jusqu'en 2020.

Code éditeur : 374241
ISBN : 978-2-7256-4511-7
Dépôt légal : octobre 2024

Direction éditoriale : Céline Lorcher
Responsable d'édition : Adeline Guérin-Grimouille
Édition : Maxime Lafon
Corrections : Rosine Biguet
Création maquette : Cécile Rouyer
Mise en page : Tiffany Lambert et Charlène Pineau – STDI
Application : Studit

Cet ouvrage suit l'orthographe recommandée par les rectifications de 1990 et les programmes scolaires.
Voir le site http://www.orthographe-recommandee.info et son miniguide d'information.

Sommaire

Remerciements

Un merci particulier à **Roland Goigoux**, sans qui rien n'aurait été possible. Je mesure la chance d'avoir pu travailler à ses côtés. Il m'a enseigné ce que je ne savais pas encore, a objectivé le déjà-là, partagé sans compter.

Merci à Adeline Guérin, éditrice aux éditions Retz pour la création d'un *Lecture Doc* à deux visages : papier et numérique, qui laisse désormais la possibilité d'être utilisé *avec* ou *sans* diaporama. Cette plus-value rend l'outil plus utile, utilisable et acceptable, bref appropriable.

Lecture Doc est une aventure collective. Je remercie les enseignants testeurs et co-concepteurs : des 12 au début de l'expérimentation en 2017 jusqu'au 150e en 2024. C'est le temps qu'il aura fallu pour que *Lecture Doc* soit mis à l'épreuve de la pratique et montre ses effets sur les apprentissages des élèves. Merci à Mélanie Adamczyk, Sarah Boucheix, Virginie Calistri, Élisabeth De Carvalho, Amandine Dumora, Pascal Hatton, Valérie Lavolé, Stéphane Lendom, Nathalie Le Tumelin, Aurélie Pichot, Diane Seigneuret, Laëtitia Touchard, accompagnés par Nicole Ternoir, leur CPC, rejoints la deuxième année par Fabienne Bardet-Mitrano, Stéphanie Boudet, Myriam Bouhbila, Christine Déat, Marc Enjalbert, Mélanie Forges, Emmanuelle Formont, Hélène Gilliet, Laurie Guimoneau, Audrey Imberdis, Annabelle Livonnet, Florentin Marcelot, Claire Moal, Caroline Morize, Julien Paitre, Nicolas Sala.

Merci aux CPC et PE qui se sont mobilisés pour évaluer plus de 300 élèves. Merci à Patricia Schillings et son équipe (merci Marine André !), de l'Université de Liège, pour leur soutien.

Merci aux étudiants Meef Pratiques et ingénierie de la formation qui ont consacré leur mémoire à *Lecture Doc* : Fabienne Bardet-Mitrano, Marie-Carmen Becerra, Eva Kuentz, Valérie Lavolé, Florentin Marcelot.

Merci aux IEN et à leur équipe de circonscription qui m'ont accordé leur confiance : Dominique Pichard pour son soutien indéfectible depuis le début de l'aventure ; Michael Billebault et Allan Hamel dans le Cher, mais aussi Virginie Hohl et son équipe de CPC, dans le Rhône, pour leur investissement colossal ; Catherine Morvan pour m'avoir ouvert les portes du plan français breton ; Stéphane Respaud et son équipe de circonscription toulousaine pour les dernières modifications du prototype *Lecture Doc* (merci Sabrina Bencherif !).

Préface

La qualité des outils de l'artisan

Même s'il n'exerce pas un métier manuel, l'enseignant est un artisan avec ce que cela implique de dextérité, de patience et de minutie, mais aussi de maitrise de ses outils professionnels.

« Outre la mise en œuvre des procédés qui font l'objet de l'apprentissage, un ouvrage réussi exige de l'artisan quelque chose d'autre, (...) quelque chose qui ne s'apprend pas et qu'en désespoir de cause nous appelons le "tour de main". » (Jankélévitch, *Le Je-ne-sais-quoi et le presque-rien*, 1957, coll. « Essais », éd. Points, p. 42)

Comment acquérir ce « tour de main » bénéfique aux apprentissages des élèves ? En s'appropriant des outils de qualité, autrement dit en les mettant à sa main, notamment ceux qui ont été conçus dans le but explicite d'améliorer l'enseignement. Telle est la thèse élaborée et validée par notre équipe à l'université de Clermont-Auvergne où Juliette Renaud, l'autrice du présent volume, a appris son métier d'enseignante-chercheuse. Pour elle, comme pour nous, les outils didactiques sont un important vecteur du développement des compétences professionnelles. Si *Lecture Doc* permet aux élèves d'apprendre à comprendre les textes documentaires, c'est avant tout parce qu'il aide les professeurs à savoir quoi enseigner, dans quel ordre et comment.

Lecture Doc est un outil didactique au sens où il satisfait quatre critères :

- Il est fondé sur des savoirs scientifiques explicités.
- Il inclut une définition des objectifs visés en termes d'apprentissages attendus.
- Il comporte une description des procédures ou modes opératoires suggérés aux enseignants.
- Il offre une structuration et une programmation temporelle des contenus enseignés et des activités proposées aux élèves.

Lecture Doc est, de surcroit, un excellent outil didactique car Juliette Renaud l'a conçu patiemment, en prenant appui sur les acquis des sciences de l'apprentissage et en interagissant étroitement avec des dizaines de professeurs des écoles qui ont testé plusieurs prototypes successifs, dont les éditions Retz publient aujourd'hui l'ultime version. La démarche de conception (dite « conception continuée dans l'usage »), qui fit le succès de *Lector & Lectrix*, de *Lectorino & Lectorinette* ou de *Narramus*, a une nouvelle fois été utilisée pour combiner les savoirs scientifiques des chercheurs avec les savoirs d'expérience des enseignants, au profit de l'action.

Juliette Renaud a évalué les effets de l'utilisation de *Lecture Doc* sur les apprentissages des élèves : ceux-ci sont très positifs, amples et robustes. Les articles publiés à ce sujet[1] ont été validés par la communauté scientifique. Nul doute que les enseignants vont s'approprier cet outil rigoureux dont il me semble légitime de recommander l'utilisation au bénéfice des élèves.

Roland Goigoux

1. Kervyn & Goigoux (2021) ; Renaud (2020c) ; Renaud, Schillings & André (sous presse).

Présentation

Ceci n'est pas un manuel mais un dispositif de formation continue sur les stratégies en lecture documentaire.

> *« Comprendre des textes, des documents et des images et les interpréter. Contrôler sa compréhension et devenir un lecteur autonome. »* (MEN, 2020)

Bien que la lecture-compréhension des textes documentaires fasse partie des programmes, l'état des lieux ministériel montre, en 2017, que cette compétence est plus évaluée qu'enseignée (Colmant et Le Cam, 2017). Les questionnaires peinent à laisser la place à un véritable enseignement (Cèbe et Goigoux, 2015).

Nous faisons l'hypothèse qu'il y a deux obstacles majeurs : d'une part la déclinaison de l'objectif général en compétences opérationnelles n'est stipulée nulle part, d'autre part il existe un déficit d'outils à disposition des enseignants. Ces derniers ont une méconnaissance des habiletés à enseigner pour pouvoir lire les documentaires et ceci les amène à légitimement se questionner sur : que faut-il enseigner ? comment l'enseigner ?

C'est l'ambition de cet ouvrage, fruit de six années de travail avec plus de 60 enseignants qui ont œuvré à nos côtés. Nous les appelons les co-concepteurs (Renaud, 2023).

Dans la lignée de *Lector & Lectrix*, *Lectorino & Lectorinette* ou encore de *Narramus* (Cèbe & Goigoux, 2009, 2013, 2017 à 2024), *Lecture Doc* est pensé comme un dispositif de formation continue (Renaud & Becerra, 2024) dans lequel sont conciliées deux entités : faire et comprendre.

Tricot et Musial (2020, p.11-12) citent le chef Paul Pairet qui confiait son ressenti à un magazine lors de son premier cours de cuisine : « Plutôt que d'essayer de nous former à apprendre recette après recette, nous apprenions en essayant de comprendre les principes. » Puis il ajoutait : « Pour cuisiner, j'ai besoin de comprendre ce que je fais. » À la suite de Pairet, puis de Tricot et Musial qui reprennent cette citation à leur compte, notre ambition a été de ne jamais dissocier le « faire » du « comprendre ». Autrement dit, nous avons été vigilants à toujours coupler les techniques (le *comment*) et les principes opératoires (le *pourquoi*) afin que les enseignants puissent les transférer et dire, à leur tour, qu'ils ont réussi à enseigner la lecture des textes documentaires, non pas parce qu'ils ont appliqué des recettes mais parce qu'ils se sont formés en comprenant ce qu'ils faisaient.

Ainsi se définit, selon nous, **un outil didactique bâti en conception continuée** dans l'usage (Goigoux, Renaud & Roux-Baron, 2021).

Les compétences visées

Pour enseigner les stratégies de lecture-compréhension de textes documentaires au cycle 3, nous avons fait le choix de privilégier trois cibles (Renaud, 2020) :

– Connaitre et savoir tirer parti de la **structure spécifique** des documentaires (le traitement des organisateurs graphiques, typographiques et linguistiques du document).
– L'**autorégulation** ou comment réguler son activité de lecture en fonction du but de la lecture maintenu en mémoire (ce que je cherche), du prélèvement d'informations (ce que je sélectionne) et de la mise en cohérence des informations grâce à des inférences (ce que j'en déduis) pour pouvoir montrer qu'on a compris.
– La mobilisation des **connaissances personnelles**, à mettre en lien avec le texte pour traiter l'implicite.

Les compétences visées se font **en interaction**, et non pas de manière successive, dans chacun des scénarios pédagogiques de *Lecture Doc*.

Cible n°1 : Les compétences métatextuelles

Pour lire efficacement un documentaire et trouver rapidement des informations, les élèves doivent avoir des connaissances sur **l'organisation du document**. Ceci est souligné dans les programmes :

> *« être capable d'identifier les différents genres représentés et de repérer leurs caractéristiques majeures » (MEN, 2020).*

Parce que les textes documentaires sont composites (mêlant textes, images, schémas, graphiques...), les élèves n'identifient pas facilement leur cohérence d'ensemble (Bautier, 2015). Ils ne cherchent pas à reconstituer les liens logiques entre les différentes parties du document (Bautier *et al.*, 2012). Or l'identification de la structure du texte, grâce aux organisateurs textuels (sous-titres...), facilite la compréhension, notamment le rappel des idées principales (Dickson *et al.*, 1998).

La perception de la cohérence d'ensemble nécessite deux prérequis : avoir des connaissances **structurelles** (*une page documentaire est composée de...*) et des connaissances **fonctionnelles** (*un sommaire, ça sert à...*) à propos des organisateurs textuels. Les connaissances structurelles sont mises en avant par les programmes pendant que Eme et Rouet (2001) insistent sur l'importance d'un enseignement des connaissances fonctionnelles : *à quoi sert le sommaire ? à quoi servent les sous-titres ? pourquoi lire la légende ?* etc. Ces connaissances fonctionnelles sont déterminantes pour choisir une stratégie de lecture.

Comme la distinction entre les genres de texte n'apparait qu'aux alentours de 13 ans (Espéret, 1984), nous avons fait le choix d'enseigner le rôle et la fonction des organisateurs textuels les plus fréquents dans les documentaires papier et numériques. Ainsi, nous n'avons pas privilégié une entrée par types de documentaires (la presse, l'affiche...) mais bien par les organisateurs textuels communs à ces textes.

C'est l'**article d'encyclopédie papier ou numérique** qui a retenu notre attention car il permet, à lui seul, de rencontrer des organisateurs textuels d'une grande diversité. Il est prétexte à enseigner des métaconnaissances (rôle et fonction du titre, de la légende...) qui font la différence entre les bons et les mauvais compreneurs (Kurtz *et al.*, 1995). Les dernières évaluations internationales (PIRLS, 2021) montrent qu'interpréter et apprécier les éléments textuels met les élèves français en échec (Conceicao *et al.*, 2023).

Nous savons en effet que les connaissances structurelles et surtout fonctionnelles posent des problèmes aux élèves car cet apprentissage se fait de manière implicite au fil des expériences (Eme & Rouet, 2001 ; Renaud & Magneron, 2022). Nous avons donc fait le choix d'un enseignement explicite de l'organisation du document.

Bautier (2015) remarque que, pour rechercher des informations, les élèves lisent les documentaires dans un ordre aléatoire, car ils n'identifient pas leur cohérence d'ensemble et ne cherchent pas à reconstituer les liens logiques entre les différentes parties du document. Comme nous l'avons vu précédemment, pour parvenir à identifier cette cohérence, des connaissances structurelles et fonctionnelles sur les organisateurs textuels sont requises. En nous appuyant sur ces connaissances, nous avons choisi de matérialiser la structure du documentaire (le lien entre sous-titre et paragraphe, par exemple) en introduisant la notion de « blocs », appelés « zones » par Stockinger (2005) ou « clusters » par Baldry et Thibault (2006). Apprendre à regrouper les éléments du document qui forment une unité de sens (par exemple, une image et sa légende) devrait favoriser l'accès à la cohérence d'ensemble du document et faciliter une lecture sélective des blocs en fonction du but du lecteur.

Concrètement dans *Lecture Doc*...

Connaitre le rôle et la fonction des organisateurs textuels pour les utiliser

« *Je ne sais pas où regarder !* » répète inlassablement cet élève de CM1 que nous avons interrogé lors d'un test préalable en lecture documentaire. L'organisation de la page ne l'aide pas à se repérer. Il ne possède pas les connaissances pour décoder le rôle et la fonction des organisateurs textuels de ce type de texte.

Les connaissances fonctionnelles enseignées grâce à cet ouvrage permettront aux élèves de prendre conscience du rôle et de la fonction des organisateurs textuels pour percevoir les liens entre eux (par exemple entre paragraphe et sous-titre) et les utiliser à bon escient.

Dès le module 1, une attention est portée sur la **fonction des sous-titres** dans le parcours de lecture. Comme ils permettent de savoir « de quoi parle » chaque paragraphe, ils aident le lecteur à décider s'il va lire, ou non, « ce que le paragraphe en dit ». Ceci influera sur le parcours de lecture dont décide chaque lecteur face à un document. L'enseignant accompagne cette prise de décision en montrant explicitement ce qui est lu (et ce qui ne l'est pas).

Dans le module 2, les élèves découvrent des organisateurs textuels **spécifiques au numérique** (les onglets, le bandeau) car ils sont de plus en plus confrontés à ce type de textes.

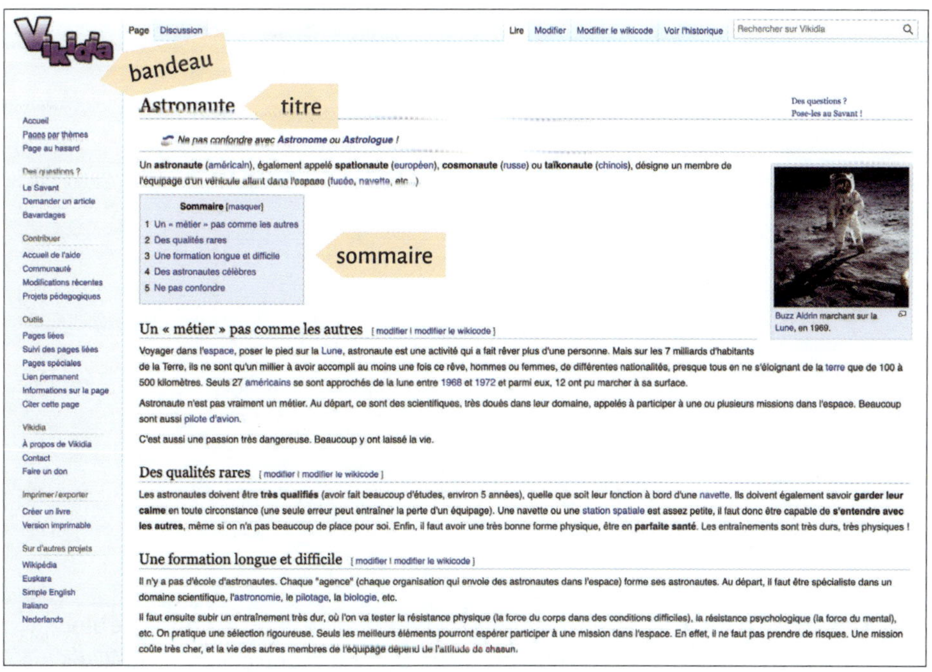

D'après Vikidia (au 30/07/2024) : https://fr.vikidia.org/wiki/Astronaute

Les articles d'encyclopédie en ligne requièrent aussi un travail particulier sur le **sommaire**. Ce dernier, en donnant une vision de l'ensemble des sous-titres, permet aux élèves de sélectionner rapidement le paragraphe dont ils feront une lecture linéaire. Le jeu des extraits constitue un bon entrainement : à partir de la lecture d'un extrait, les élèves doivent trouver dans quel sous-titre du sommaire cet extrait est présent. En apprenant à utiliser un sommaire, les élèves pourront anticiper qu'une page documentaire numérique comporte aussi des éléments non visibles. Cette difficulté, inhérente au texte numérique, est travaillée tout au long du module 2, notamment avec l'utilisation du *scrolling* (curseur de la souris) pour explorer la page.

Identifier des blocs pour se faire une représentation cohérente du sujet abordé

Bautier (2015) remarque que les élèves n'abordent pas le document composite comme un tout mais comme autant d'éléments isolés. Nous avons imaginé le regroupement de ces éléments en blocs afin d'apprendre aux élèves à visualiser et comprendre leurs relations.

Dans le module 1, **les blocs de sens** sont identifiés et entourés dans la page documentaire. Au fil de la démarche, les blocs sont toujours recherchés mais ils ne seront plus matérialisés en rouge. L'objectif est que les élèves identifient aisément « les blocs de sens » en regardant un documentaire. Cette compétence est particulièrement utile pour les textes numériques dans lesquels tous les blocs ne sont pas visibles sur l'écran.

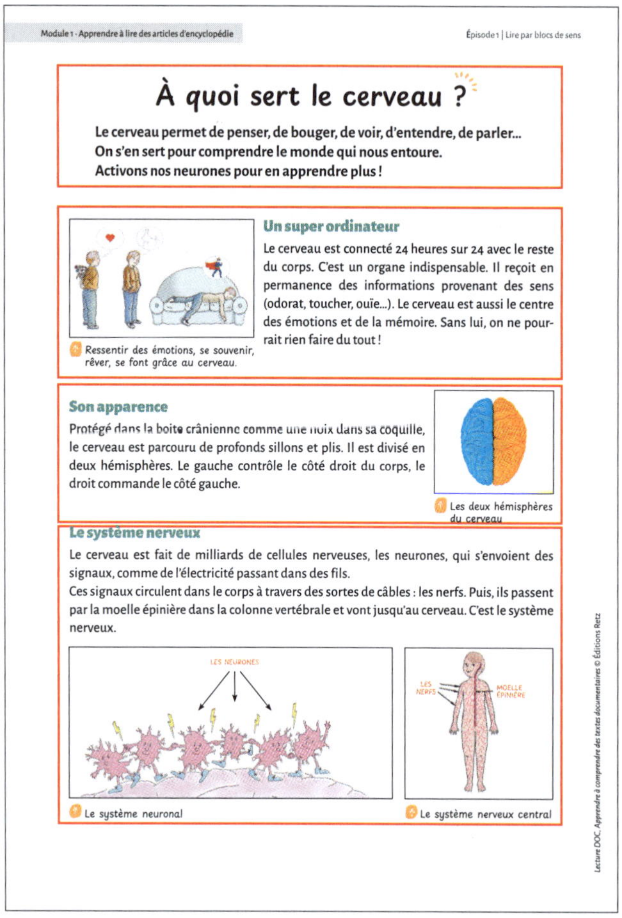

Module 1 - Apprendre à lire des articles d'encyclopédie

Épisode 1 | Lire par blocs de sens

À quoi sert le cerveau ?

Le cerveau permet de penser, de bouger, de voir, d'entendre, de parler...
On s'en sert pour comprendre le monde qui nous entoure.
Activons nos neurones pour en apprendre plus !

Un super ordinateur

Le cerveau est connecté 24 heures sur 24 avec le reste du corps. C'est un organe indispensable. Il reçoit en permanence des informations provenant des sens (odorat, toucher, ouïe...). Le cerveau est aussi le centre des émotions et de la mémoire. Sans lui, on ne pourrait rien faire du tout !

Ressentir des émotions, se souvenir, rêver, se font grâce au cerveau.

Son apparence

Protégé dans la boite crânienne comme une noix dans sa coquille, le cerveau est parcouru de profonds sillons et plis. Il est divisé en deux hémisphères. Le gauche contrôle le côté droit du corps, le droit commande le côté gauche.

Les deux hémisphères du cerveau

Le système nerveux

Le cerveau est fait de milliards de cellules nerveuses, les neurones, qui s'envoient des signaux, comme de l'électricité passant dans des fils.
Ces signaux circulent dans le corps à travers des sortes de câbles : les nerfs. Puis, ils passent par la moelle épinière dans la colonne vertébrale et vont jusqu'au cerveau. C'est le système nerveux.

Le système neuronal

Le système nerveux central

En pratique

Des enseignants co-concepteurs ont choisi de réinvestir cette notion de bloc pour des documents étudiés en histoire, en géographie ou encore en EMC. Ils ont demandé à leurs élèves d'entourer les blocs dans le document avant de traiter un questionnaire. D'une manière générale, plus les notions étudiées dans *Lecture Doc* sont transférées sur d'autres documents, plus l'apprentissage est consolidé.

Cible n°2 : L'autorégulation

Les compétences d'autorégulation sont centrales : elles permettent au lecteur de réguler, seul, son activité de lecture.

> *« Contrôler sa compréhension et devenir un lecteur autonome »* *(MEN, 2020).*

Les travaux de Paris et Jacobs (1984) montrent que les élèves doivent réguler leur compréhension en passant par trois phases :

- **Évaluer** leur compréhension (« Est-ce que je comprends ? Quelles sont les difficultés que je rencontre ? »).
- **Planifier** leur lecture en sélectionnant des stratégies pour atteindre leur objectif. Ceci implique qu'ils doivent avoir une idée claire de ce qu'ils cherchent et comment ils peuvent y parvenir.
- **Réguler** leur lecture en contrôlant et en modifiant leur lecture en cours.

Or, Eme & Rouet (2001) ont observé que les élèves en difficulté n'évaluent pas leur compréhension au fil de leur lecture. Ils n'adaptent pas non plus leur lecture. Ils cherchent, par exemple, à se souvenir de l'intégralité des informations du texte, au lieu de porter leur attention sur les idées essentielles. Rares sont les situations où l'élève est conduit à planifier et à s'auto-évaluer (Cartier, 2006). Ces situations sont très présentes dans les séquences d'apprentissage de *Lecture Doc*.

Cet outil vise à enseigner de manière explicite les **compétences stratégiques** : régulation, contrôle, évaluation par l'élève de son activité de lecture (Cèbe & Goigoux, 2009 ; Goigoux, 2003) et ainsi à former des lecteurs autonomes.

Boucheix, Amadieu et Tricot (2016) ou encore Rouet, Britt et Durik (2017) ont étudié les processus cognitifs mobilisés par les élèves pour lire et comprendre un texte documentaire. Ils montrent que, face à une tâche de lecture-compréhension, les élèves doivent d'abord rechercher des informations, puis les traiter et enfin les mettre en relation pour comprendre.

Rouet *et al.* (2017) ont nommé ce processus RESOLV (REading as problem SOLVing) car ils considèrent la lecture comme une situation de résolution de problème dans laquelle le lecteur se fixe des objectifs, choisit une stratégie (ce qu'il faut lire et comment le lire) et procède à l'acquisition d'informations jusqu'à ce que l'objectif principal soit atteint. Cela influe sur ses mécanismes d'autorégulation, c'est-à-dire sur la manière de planifier et de surveiller ses propres actions.

Nous avons traduit ce processus en matérialisant ces trois temps par **trois pièces de puzzle** :

1) Ce que je cherche 

2) Ce que je sélectionne 

3) Ce que je déduis 

Concrètement dans *Lecture Doc*...

Faire son parcours de lecture en fonction d'un but

La lecture ne se déroule pas « dans le vide » (Snow, 2002). Elle est portée par un objectif, qu'il soit extérieur au lecteur (consignes du professeur, questions pour vérifier la compréhension) ou défini par le lecteur (j'ai envie de chercher...). Dans *Lecture Doc*, les objectifs de lecture sont toujours définis par le scénario : ils sont explicités afin que les élèves apprennent à se donner leurs propres buts et à les maintenir en mémoire lors d'une lecture autonome.

Pour passer de l'intention de lecture à une **stratégie de recherche**, Boucheix, Amadieu, Tricot (2016) montrent que le lecteur doit être conscient de son intention de lecture afin de la transformer en stratégie de recherche. Rouet *et al.* (2017) ajoutent que les buts que se donne le lecteur sont la clé de voute de leur modèle RESOLV : la lecture est décrite comme une séquence de décisions et d'actions dirigées par les objectifs du lecteur. Ainsi, dans la démarche de *Lecture Doc*, les élèves sont systématiquement invités à reformuler leur but, notamment avec l'appui de la pièce de puzzle « **1. Ce que je cherche** ».

Comme pour le travail sur les blocs, au fil de la démarche, montrer la pièce de puzzle suffit pour que les élèves se régulent et se demandent ce qu'ils cherchent.

Acquérir des stratégies de parcours du texte

Le texte documentaire ne se lit pas comme un roman. Les élèves vont apprendre à alterner une **lecture survol** pour prendre des indices auprès des organisateurs textuels du texte et une **lecture linéaire** de tout un bloc pour trouver l'information recherchée. Enseigner ces deux façons de lire permet aux élèves de les utiliser de manière consciente et autorégulée. Par exemple, avant de lire les documents, demander aux élèves d'anticiper le mode de lecture (« Qu'allez-vous lire ? ») afin de les amener à réfléchir avant d'aller chercher l'information dans le texte. Ces compétences de prédiction sont particulièrement déterminantes pour que les élèves puissent autoréguler leur lecture.

Aussi, dans le jeu des extraits du module 1, une fois que les élèves ont pris connaissance d'un extrait, ils doivent identifier dans quel bloc du texte documentaire ils pensent retrouver l'information. Ces pauses prédictives leur permettent de verbaliser et rendre visibles leurs stratégies de prise d'informations avant même de lire le document :

Moi, je pense que ce sera dans ce bloc parce que le sous-titre c'est « La pensée logique » et on cherche un extrait qui parle de la résolution de problèmes.

Ces verbalisations aident les élèves à se questionner sur leurs choix de lecture et leur nécessaire planification, et leur évite de se lancer « à l'aveugle » dans la lecture du documentaire.

Sélectionner les informations essentielles

Lors de la recherche d'informations, les élèves performants mettent en relation ce qu'ils lisent avec ce qu'ils cherchent afin de trier les informations pertinentes de celles qui ne le sont pas. Nous proposons d'apprendre à tous les élèves à « garder le cap », c'est-à-dire à sélectionner les seules informations requises pour atteindre le but fixé.

Dans le module 1, les élèves apprennent à dépasser la « pêche aux mots » au profit de l'identification des **informations utiles** qu'ils reformulent, avec l'aide de l'enseignant, pour synthétiser les **idées essentielles**. Cette sélection des informations se fait avec l'appui de la pièce de puzzle « **2. Ce que je sélectionne** ».

Dans le module 3, les élèves sont initiés à **la prise de notes** au fil d'un texte long, en utilisant des Post-it pour aide-mémoires : avec l'aide de l'enseignant, les idées du texte sont synthétisées en une formulation brève. La prise de notes fait partie des attendus de fin de CM2 (MEN, 2019). Ce travail est réinvesti dans le module 4 dédié à la réalisation d'exposés.

En pratique

Les co-concepteurs ont noté qu'au départ, certains élèves avaient des difficultés à prendre des notes. Toutefois, dès le troisième épisode du module 3, tous leurs élèves ont compris qu'il faut reformuler en peu de mots les idées essentielles du texte.

Répondre à des questions pour montrer qu'on a compris

Trois types de question (Cèbe & Goigoux, 2009) sont abordées au fil des modules :

- les questions littérales dont la réponse est explicitement écrite dans le texte ;
- les questions nécessitant de faire des inférences simples ;
- les questions nécessitant de déduire, de justifier.

En pratique

116 élèves de cycle 3 ont passé un test individuel afin de cerner leurs difficultés en lecture-compréhension face à un texte d'encyclopédie en ligne. Grâce à ce test, nous nous sommes rendu compte que les élèves les plus en difficulté recherchent dans le texte les mots de la question puis recopient mot à mot la phrase du texte, même si elle ne répond pas vraiment à la question. Lors de notre scénario, nous montrons aux élèves les limites de cette stratégie.

Dans le premier module, les élèves apprennent à répondre à des questions littérales en utilisant du **copier-coller**. Cette stratégie est enseignée pour produire une réponse en reprenant les mots-clés de la question et les éléments essentiels du texte. Toutefois, les élèves verront que le copier-coller n'est pas suffisant lorsque la question nécessite de faire des inférences simples.

Dans ce cas, nous proposons de les entrainer à **reformuler** en apportant du vocabulaire, des synonymes. C'est un exercice difficile et la difficulté s'accroit encore lorsqu'il s'agit de justifier sa réponse.

Dans le 3e module, sont abordées les questions qui ont mis le plus en difficulté les élèves lors des évaluations internationales (PIRLS, 2021) : ce sont celles où la réponse n'est pas directement dans le texte et qui nécessitent de faire des déductions. Les élèves doivent prélever plusieurs informations utiles pour répondre à la question, les mettre en lien, et produire une réponse. Cette compétence correspond à la troisième pièce de puzzle : « **3. Ce que j'en déduis** ».

En pratique

Des co-concepteurs ont réinvesti l'utilisation des pièces de puzzle dans d'autres domaines que la lecture-compréhension des documentaires ; par exemple, ils les ont utilisées comme aide en résolution de problème : 1. Que cherchons-nous ? 2. Quelles données allons-nous sélectionner ? 3. Qu'en déduire ?

Pour faire des déductions, les élèves s'aident de leurs prises de notes (aide-mémoires). Par exemple, après avoir travaillé sur les critères d'habitabilité de la planète Terre, les élèves devront répondre à la question : « La vie est-elle possible sur Mars ? » La réponse n'étant jamais explicitement mentionnée dans le texte documentaire fourni, ils vont apprendre à prélever, sur des Post-it (aide-mémoires), les éléments qui leur permettront de **rédiger une explication**. Ils mettront en lien ces éléments afin de **déduire** si cette planète est habitable, puis ils rédigeront leur réponse.

En pratique

Nous nous sommes rendu compte que les élèves les plus performants font des synthèses provisoires de ce qu'ils lisent : ils semblent prendre des notes dans leur tête au fur et à mesure de leur lecture. « Je me fais des Post-it dans ma tête » dit Nello (CM2). Ainsi, ces élèves ne saturent pas leur mémoire et mettent en lien les informations prélevées.

Ainsi, les élèves sont accompagnés dans un phénomène de double entonnoir :

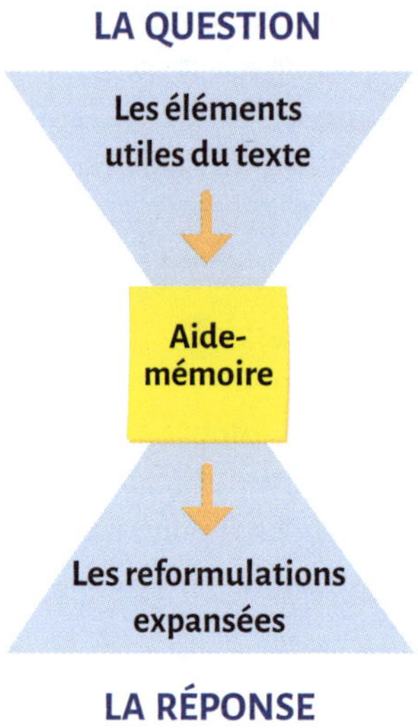

Les éléments utiles pour répondre à la question sont reformulés de manière brève sur des Post-it afin de s'en souvenir. Puis ces brèves reformulations sont expansées dans la formulation complète d'une réponse. Les élèves s'entrainent à être vigilants quant à la rédaction de la réponse, tant du côté de la syntaxe que de son contenu afin que l'explication soit la plus compréhensible possible. Ceci est d'autant plus nécessaire que, dans le module 4, ils rédigent des exposés. Cet exercice traditionnel réinvestit les acquis des modules 1 à 3 et permet de mesurer le degré d'autorégulation des élèves.

Cible n°3 : Les connaissances personnelles

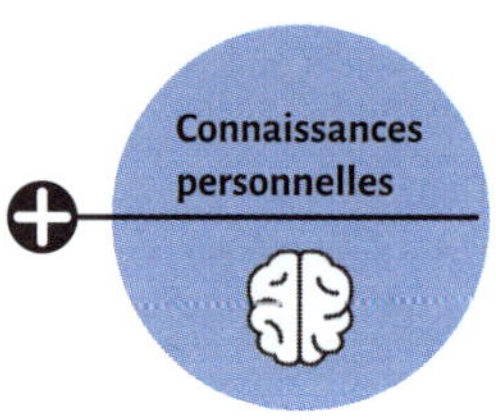

Les connaissances personnelles des élèves, relatives aux sujets traités par les documents, déterminent fortement leurs stratégies de lecture et la qualité de leur compréhension (Observatoire national de la lecture, 2000 ; Giasson, 2012). Cependant, ces connaissances personnelles ne suffisent pas à comprendre, si l'élève ne les mobilise pas et ne les confronte pas aux données apportées par le texte tout au long de la lecture (Van den Broek & Kendeou, 2008). Cette **flexibilité** lui permet de mettre en résonance ses connaissances personnelles avec le texte, condition indispensable pour qu'elles facilitent la compréhension.

Notre étude sur les difficultés des élèves en lecture-compréhension nous a montré que les plus faibles ne se basent que sur leurs connaissances personnelles, sans même chercher à les vérifier dans le texte. Ceci les induit fortement en erreur car ces connaissances sont souvent lacunaires. Lors de notre test, l'enseignant-chercheur a demandé aux élèves ayant répondu au questionnaire : « Comment le sais-tu ? » Les élèves les plus en difficulté répondaient systématiquement : « Parce que je le sais ». Seuls les élèves les plus performants vérifiaient dans le texte si leurs connaissances étaient exactes. Mais cette stratégie, qui montre la flexibilité du lecteur, était peu présente.

En pratique

40 % des élèves français sont sollicités au moins une fois par semaine pour « comparer ce que les élèves ont lu à des faits qu'ils ont vécus » contre 77 % des autres élèves européens. L'écart (-37 points) est conséquent.
Évaluation internationale des élèves de CM1 en compréhension de l'écrit, PIRLS 2021 (Conceicao *et al.*, 2023).

Les supports choisis dans *Lecture Doc* nécessitent des connaissances encyclopédiques qui sont apportées avant la lecture des textes afin de doter tous les élèves des **prérequis nécessaires**.

Il est difficile d'atteindre les deux objectifs suivants : *lire pour apprendre* de nouvelles connaissances et *apprendre à lire* les textes documentaires. La démarche de *Lecture Doc* vise le second objectif. *Reading comprehension requires knowledge of words and the world* (Hirsch, 2003) : comme en témoigne le titre de cet article, ce qui est valable pour les connaissances encyclopédiques l'est aussi pour le lexique. Plus on connait de mots et plus on a de facilités à en apprendre davantage (Harmon & Wood, 2018). Or, les documentaires utilisent un lexique spécialisé et complexe. La **richesse lexicale** de ces textes est l'occasion d'enrichir le lexique des élèves, soit en l'enseignant en amont, soit en s'aidant du contexte ou de la morphologie pour comprendre les mots inconnus. Les mots rencontrés sont autant d'occasions pour manipuler leurs formes, les reformuler et les réutiliser.

Ainsi, le lexique sera toujours :
1) expliqué
2) mémorisé
3) transféré afin de le fixer durablement (Cèbe & Goigoux, 2015).

Les connaissances personnelles (ou le manque de connaissances) et le lexique sont deux obstacles au traitement du texte. Ils font donc l'objet d'un travail systématique, en contexte, tout au long des trois premiers modules.

Concrètement dans *Lecture Doc*...

S'assurer des connaissances des élèves dans le domaine étudié

Les **notions** pouvant faire obstacle à la compréhension sont expliquées aux élèves avant la lecture du document. Ce temps est prévu dans la démarche et aucun autre prérequis notionnel n'est nécessaire pour travailler les quatre modules.

Ainsi, pour l'apport de connaissances, diverses vidéos pédagogiques sont proposées, comme les Fondamentaux de Canopé, pour valider-invalider les hypothèses des élèves sur un sujet ; par exemple, dans le premier épisode du module 1, vous demanderez à vos élèves « À quoi sert le cerveau ? ». Vous recueillerez leurs connaissances puis vous les validerez à l'aide d'une courte vidéo : « 1 jour, 1 actu - À quoi sert le cerveau ? ».

En pratique

Avec les co-concepteurs, nous avons observé que, plus le domaine étudié plait aux élèves (par exemple les astronautes), plus ils sont motivés pour suivre les épisodes. En revanche, nous avons aussi observé que certains élèves se leurrent en pensant qu'ils font un travail sur les astronautes, alors que ce sujet n'est qu'un prétexte pour travailler les stratégies de lecture-compréhension. Il revient à l'enseignant d'être très clair sur l'objectif des séances : apprendre à lire et à comprendre les textes documentaires.

Développer les compétences lexicales

Comme pour les connaissances notionnelles, il est parfois nécessaire d'enseigner **le vocabulaire** qui serait un frein à la compréhension avant de le rencontrer dans le texte. Cette manière de « déminer » le texte rend les élèves plus autonomes dans leur lecture. Pour ce faire, vous présenterez à la classe les « images pour apprendre le vocabulaire » (idéalement en vidéoprojection). Une fois l'image explicitée, le mot est montré aux élèves.

Suite aux séances d'acquisition du lexique, sont menées des activités de mémorisation ou de transfert, dans lesquelles les élèves doivent faire deviner le plus de mots possibles à leur voisin.

Développer les compétences linguistiques

Les évaluations internationales montrent que les exercices dans lesquels il faut que les élèves justifient leur réponse sont peu réussis car les élèves doivent élaborer une représentation mentale cohérente de l'ensemble des informations pertinentes. C'est pourquoi il nous semble important de les entrainer à mettre en relation les ilots d'informations qu'ils identifient dans le texte en privilégiant notamment un travail sur le choix des mots de liaison et la cohérence argumentative.

En pratique

Les co-concepteurs ont constaté que le réservoir de mots de liaison a beaucoup aidé leurs élèves à rédiger leur explication. Ce réservoir de mots est conservé dans les classes pour aider les élèves à justifier à l'oral et à l'écrit dans d'autres domaines.

Dans le module 3, les élèves sont amenés à articuler différentes idées avec des mots de liaison afin de produire une réponse cohérente. Par exemple, pour répondre à la question « La vie est-elle possible sur Mars ? », les élèves s'entrainent à mettre en lien des différents éléments prélevés dans le texte : « **Comme** il n'y a ni eau ni oxygène et que cette planète est trop éloignée du Soleil, **alors**... », sans oublier la cohérence textuelle de la réponse produite.

Un travail sur **les anaphores lexicales** est aussi essentiel pour faire prendre conscience aux élèves qu'une seule et même entité peut être nommée de différentes façons : la Terre ; notre planète ; elle. Les anaphores sont très présentes dans les documentaires et nombreux sont les élèves qui pensent qu'il y a autant d'entités que de manières différentes de les nommer ; par exemple, lors de notre test, peu d'élèves ont identifié que « le lombric » et « le ver de terre » faisaient référence au même animal. Pourtant, une image de cet animal avait pour légende : « lombric circulant dans la terre ».

Progression et programmation

Planification des modules

La planification de *Lecture Doc* prévoit **quatre modules** d'enseignement découpés en **épisodes**. Les trois premiers modules visent à apprendre à lire et à comprendre des textes documentaires mais aussi à contrôler sa compréhension pour devenir un lecteur autonome. Le quatrième module vise à réinvestir les acquis des modules précédents en proposant aux élèves de rédiger des exposés.

Chaque module s'organise en **8 séances** environ. À raison d'une séance par semaine, le travail sur un module dure à peu près 8 semaines. Il est conseillé de mener un module sur **une période** maximum.

En pratique

Les co-concepteurs conseillent de scinder chaque épisode en plusieurs séances. En effet, le terme « épisode » ne doit pas être compris comme une suite d'activités à mener en une seule fois. Un épisode peut être organisé en autant de séances que vous le jugez nécessaire. C'est vous le maitre du temps !

Lecture Doc peut être mené sur une seule année du cycle 3, indifféremment en CM1 ou en CM2, cependant nous recommandons vivement une programmation sur les deux années du cours moyen ; par exemple les modules 1 et 2 au CM1 et les modules 3 et 4 au CM2. Notons que la programmation suit une progression stricte qu'il convient de respecter afin que tous les élèves puissent bénéficier des apprentissages proposés. Ainsi, on ne peut pas débuter par le module 3 si les modules précédents n'ont pas été travaillés.

Présentation des modules

Le premier module a pour objectif d'apprendre aux élèves à ne pas lire les articles d'encyclopédie papier de façon linéaire, comme un roman. L'intention de lecture est verbalisée : elle sert de cap pour prélever des informations dans le document de manière stratégique et faire son parcours de lecture en choisissant les blocs à lire. Dans ce premier module, les élèves apprennent aussi à répondre à des questions en faisant du « copier-coller » du texte (recopier exactement ce qui est écrit dans le texte) ou en reformulant (récrire avec ses mots les idées du texte). Le renforcement du lexique est travaillé tout au long du module.

Le deuxième module vise à apprendre aux élèves à lire des articles d'encyclopédie en ligne de manière sélective. Les acquis du module 1 sont remobilisés et les spécificités de la lecture sur écran sont apprises : « Que lire ? Tout le document apparait-il à l'écran ? Puis-je anticiper ce que je ne vois pas ? » Ce module s'appuie notamment sur la connaissance et l'utilisation du sommaire.

Le troisième module a pour objectif d'apprendre aux élèves à prendre des notes pour rédiger une explication. Les modules 1 et 2 sont prérequis à la réalisation de ce module. Les élèves apprennent à prélever des éléments du texte en les écrivant de manière synthétique sur des post-it afin de se constituer des aide-mémoires ; puis ils les mettent en relation pour rédiger une réponse complète et cohérente à la question de départ. Pour induire cette activité, les questions de déduction et de justification sont privilégiées.

Le quatrième module vise à apprendre aux élèves à faire des exposés. Il permet de remobiliser les acquis des trois modules précédents et de travailler la prise de parole pour présenter son exposé.

La démarche proposée dans chaque module peut être réinvestie dans n'importe quel autre domaine (Histoire, Géographie, Sciences...).

Programmation

Module 1

Objectif et textes supports	Épisodes	Conclusions avec les élèves
Partie 1 **Apprendre à faire son parcours de lecture en fonction d'un but** **Textes supports :** - Documentaire « À quoi sert le cerveau ? » - Sommaire d'une encyclopédie sur le corps humain - Double page documentaire « Droite ou gauche ? »	1 Lire par blocs de sens	Lire un documentaire, c'est percevoir des blocs de sens. Une image va avec sa légende, un sous-titre va avec son paragraphe... Ils forment des blocs de sens.
	2 Faire son parcours de lecture parmi des blocs	Un documentaire ne se lit pas comme un roman. Il faut faire son parcours de lecture parmi des blocs, diversement constitués d'images, de légendes, de sous-titres et de paragraphes, en fonction de ce qu'on cherche.
Partie 2 **Apprendre à répondre à des questions : copier-coller, reformuler** **Textes supports :** - Documentaire « Les émotions » - Documentaire « Les vrai faux du cerveau »	3 Écrire une réponse en utilisant du copier-coller et en reformulant	Pour écrire une réponse à une question, il faut : - parfois copier-coller des mots de la question et des mots du texte ; - parfois reformuler ; - vérifier que la réponse a du sens, qu'elle sera comprise par celui qui va la lire.
	4 Répondre à des questions : justifier sa réponse	Pour justifier une réponse, il faut : - toujours savoir ce qu'on cherche ; - sélectionner ce qui est utile, le reformuler ou faire du copier-coller ; - utiliser des mots de liaison ; - vérifier que la réponse a du sens et sera comprise par celui qui va la lire.

Module 2

Objectif et textes supports	Épisodes	Conclusions avec les élèves
Partie 1 **Apprendre à utiliser une lecture survol et une lecture linéaire** **Textes supports :** - Article Vikidia « Astronaute » - Article Wikimini « Astronaute »	1 Lire stratégiquement un article d'encyclopédie en ligne à l'aide du sommaire	Pour lire stratégiquement un article d'encyclopédie en ligne, il faut s'appuyer sur le sommaire. Cela permet de cibler directement la recherche. L'article d'encyclopédie en ligne a des éléments communs au documentaire papier (titres, sous-titres, sommaire...) et des spécificités (des onglets, un bandeau...).
	2 Utiliser deux manières de lire : lecture survol et lecture linéaire	Pour lire de manière efficace les articles d'encyclopédie en ligne, il faut faire : - une lecture survol pour prendre connaissance des blocs de l'article ; - une lecture linéaire, comme un roman, du ou des blocs choisis.
Partie 2 **Apprendre à répondre en reformulant** **Textes supports :** - Article Vikidia « Lune » - Documentaire « La vie à bord de l'ISS » - Articles ESA Kids « La toilette » et « Se nourrir dans l'espace »	3 Apprendre à reformuler un paragraphe	Pour réussir à reformuler un paragraphe, il faut : - sélectionner les informations les plus importantes par rapport à ce qu'on cherche ; - utiliser des mots-clés ; - vérifier que ce qui est reformulé a du sens, que ce sera compris par celui qui va le lire.
	4 Écrire un paragraphe d'article en prenant en compte son destinataire	Écrire un paragraphe pour un article d'encyclopédie, c'est : - tenir compte du destinataire pour donner des informations adaptées ; - sélectionner les informations les plus importantes pour le destinataire ; - reformuler, en choisissant un vocabulaire adapté, de manière à être compris.

Module 3

Objectif et textes supports	Épisodes	Conclusions avec les élèves
Partie 1 **Apprendre à prendre des notes** **Textes supports :** - Article Wikimini « La Terre, une planète habitable » - Article ESA Kids « Les météorites »	**1** Rédiger des aide-mémoires pour répondre à une question	Les aide-mémoires sont comme des post-it. Pour répondre à une question, les lecteurs efficaces mettent des post-it « dans leur tête », au fur et à mesure de leur lecture. Ainsi, ils mémorisent les informations utiles et n'ont plus besoin de relire tout le texte.
	2 Prendre des notes et les utiliser pour répondre à une question	Pour répondre à une question sans avoir à relire tout le texte documentaire, il faut : - lire en se souvenant de ce qu'on cherche ; - sélectionner les informations utiles et les reformuler de manière brève sur un aide-mémoire ; - rédiger sa réponse en mettant en lien les informations utiles avec des mots de liaison.
Partie 2 **Rédiger une explication** **Textes supports :** - Article ESA Kids « Mars, la planète rouge » - Article ESA Kids « Vénus »	**3** Mettre en lien les aide-mémoires : faire des déductions	Pour écrire une explication, il faut mettre en lien les aide-mémoires, faire des déductions et les exprimer en utilisant des mots de liaison.
	4 Rédiger une explication avec des liens logiques	Je sais sélectionner les informations utiles par rapport à ce que je cherche et rendre compte de leur lien logique pour rédiger une explication.

Module 4

Objectif et textes supports	Épisodes
Réutiliser les compétences travaillées dans les modules 1 à 3 pour faire un exposé **Textes supports :** - Articles Vikidia « La galerie des glaces » et « Louis XIV » Et 4 documentaires : - « Louis XIV » - « Qui est Louis XIV ? » - « Le roi Soleil, une personnalité brillante » - « Louis XIV le roi Soleil »	**1** S'approprier une démarche pour rédiger un exposé **2** Réinvestir la démarche pour rédiger un exposé

Les programmes

Ces modules mêlent diverses compétences en langage oral, lecture-compréhension, écriture et apprentissage du lexique. Les **compétences travaillées** correspondent aux repères annuels de progression des programmes (extraits des repères annuels de progression du cycle 3, MEN, 2019).

CM1	CM2
Langage oral	
Écouter pour comprendre un message oral, un propos, un discours, un texte lu	
Les élèves écoutent des propos oraux et des textes lus de natures et de genres variés pour prélever et mémoriser des informations.	Les élèves adaptent leur écoute en fonction des différents genres de discours entendus (récit, poème, compte rendu, exposé…) pour prélever les informations importantes, repérer leurs enchainements et les mettre en relation avec les informations implicites.
Parler en prenant en compte son auditoire	
Ils prennent la parole en s'aidant du texte qu'ils ont préalablement rédigé.	Ils prennent la parole en s'appuyant sur leurs notes.
Lecture et compréhension de l'écrit	
Comprendre des textes, des documents et des images, et les interpréter Contrôler sa compréhension et devenir un lecteur autonome	
Dès le début de l'année, les élèves répondent à des questions en recherchant des éléments de réponse dans des documents simples, dont ils donnent la nature et la source. Ils découvrent des documents composites et y repèrent des informations grâce à un questionnement.	Les élèves reconnaissent et nomment les caractéristiques des différents éléments d'un document composite. À partir de questions posées, les élèves prélèvent des informations (en faisant des inférences si nécessaire) qu'ils combinent pour donner un sens global au document composite.
Recourir à l'écriture pour réfléchir et pour apprendre	
Les élèves utilisent les mots de la question et du texte de référence, s'il y a lieu, pour répondre à une question de compréhension.	Les élèves utilisent le cahier de brouillon pour noter ce qu'ils retiennent à l'écoute d'un exposé. Ils reformulent par écrit l'essentiel d'un texte (…). Ils résument par un titre les paragraphes d'un message oral ou écrit. Les élèves introduisent leurs réponses à des questions de compréhension en utilisant les mots de la question et justifient leur choix.
Rédiger des écrits variés	
En s'appuyant sur des modèles, les élèves rédigent de courts textes de genres différents.	Ils organisent l'écriture de leur texte en planifiant et respectant des étapes nécessaires : premier jet, relecture, révision.

CM1	CM2
Étude de la langue	
Enrichir le lexique	
Ils réutilisent le lexique appris dans des situations de communication écrites ou orales.	Ils utilisent le contexte pour comprendre les mots inconnus rencontrés à l'occasion de leur lecture. Ils réutilisent à bon escient le lexique appris à l'écrit et à l'oral.

Les **volumes horaires** se répartissent comme suit (temps exprimé en minutes ; en couleur, le volume horaire dominant) :

	MODULE 1				MODULE 2				MODULE 3				M4	
	Ep.1	Ep.2	Ep.3	Ep.4	Ep.1	Ep.2	Ep.3	Ep.4	Ep.1	Ep.2	Ep.3	Ep.4	Ep.1	Ep.2
Comprendre et s'exprimer à l'oral	60	30	30	45	55	30	45	35	40	35	30	40	60	50
Lire	35	40	20	30	60	25	25	25	40	50	30	20	40	40
Écrire	–	–	20	25	–	20	10	35	15	35	30	20	60	70
Lexique	25	10	10	–	15	–	25	20	15	15	10	–	–	–

Le dispositif

Un guide du maitre

Dans cet ouvrage, les épisodes sont décrits de manière très précise. Ils visent à donner une vue claire des objectifs et de la manière de les réaliser mais aussi à alléger le travail de préparation pour l'enseignant. Ce guide du maitre comprend aussi les réponses attendues et des indications nécessaires en lecture-compréhension des documentaires afin de vous doter d'une **bonne maitrise didactique**.

La description de chaque épisode comporte toujours deux colonnes : à gauche **le scénario**, à droite **nos commentaires**.

• À gauche, une description des différentes étapes à suivre, des tâches à réaliser, des consignes à donner avec même, parfois, des propositions d'énoncés. Chaque épisode est structuré de la même manière. Il débute par un récapitulatif de l'objectif poursuivi, la durée de l'épisode ainsi que le matériel nécessaire. Ensuite différentes étapes ritualisent le scénario : la présentation de l'objectif aux élèves, l'apprentissage du lexique et l'enrichissement des connaissances, le travail en groupe classe, puis en individuel ou en binômes, la synthèse (avec les engrenages), un éventuel rebrassage lexical, et enfin un bilan de fin de module.

• À droite, des commentaires de nature très différente : il peut s'agir de conseils pratiques, de la justification d'une option didactique contre-intuitive ou inhabituelle, d'une explicitation de la théorie sous-jacente à l'une de nos propositions... Pour les rédiger, nous avons recensé les questions posées par les enseignants qui ont testé nos premiers prototypes et imaginé celles que ne manqueraient pas de se poser ceux qui, contrairement aux précédents, ne pourraient dialoguer directement avec nous.

Du matériel à vidéoprojeter ou à imprimer

La page d'ouverture de chaque module indique la liste des affichages collectifs et celle des fiches individuelles pour les élèves, nécessaires à la réalisation des épisodes. **Tous les documents sont disponibles dans l'application** qui accompagne cet ouvrage (voir page 143 pour la télécharger).

Les **fiches individuelles** sont à imprimer et distribuer à chaque élève. Elles contiennent les exercices, les questionnaires, les bilans ainsi que les textes utilisés.

Les **affichages collectifs** sont prévus pour la vidéoprojection afin que l'ensemble de la classe voie bien le support de travail. Toutefois, il est aussi possible de les imprimer en grand format pour les afficher en classe.

À la place de ces affichages collectifs, il est possible d'utiliser les diaporamas qui permettent une vidéoprojection dynamique des supports.

Des diaporamas en ligne

L'usage des diaporamas (accessibles en ligne) est **facultatif**. Le choix entre la projection des diaporamas ou l'utilisation du matériel collectif appartient à l'enseignant.

Les diaporamas se présentent comme une aide à la mise en œuvre des séances en accompagnant l'enseignant via l'apparition de **bulles** et de **pictogrammes**.

Les bulles sont rassurantes car elles prennent en charge une partie du scénario didactique et allègent la charge mentale de l'enseignant. Tout en suivant le déroulé pédagogique décrit dans le guide du maitre, chacune de leurs apparitions est un point de départ pour engager le dialogue avec les élèves. Elles incitent les élèves à anticiper, problématiser, conceptualiser les activités effectuées… avec le relai du maitre. De plus, elles soutiennent l'enseignant dans les tâches de conduite de séances les plus complexes, en insistant notamment sur les éléments didactiques les plus déterminants. Enfin, elles sont couplées à des animations des textes supports qui permettent de visualiser, avec les élèves, une version dynamique des stratégies de lecture ou encore des corrections.

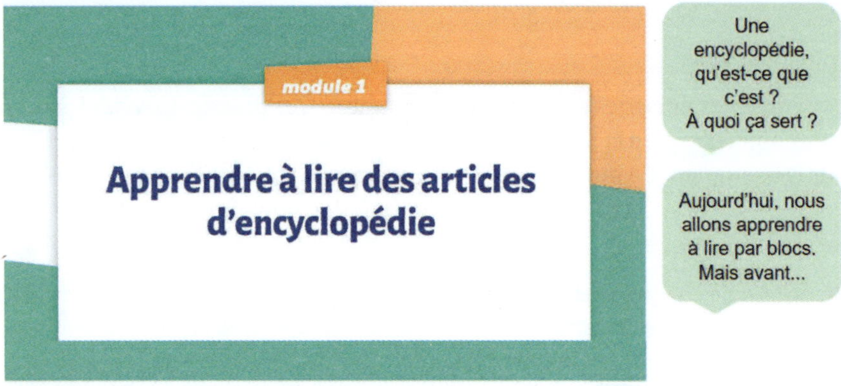

En pratique

Les bulles font classe **avec** l'enseignant, c'est pourquoi les co-concepteurs ont choisi d'appeler cette entité didactique à part entière : « la Bulle ». L'expérience de co-intervention qu'elle offre a été largement plébiscitée dans notre expérimentation (Renaud, 2020b).
Un « clic » fait apparaitre une bulle et disparaitre la précédente, afin d'avancer dans le scénario didactique. Certains enseignants les font lire à voix haute aux élèves ou les font lire mentalement. D'autres, les lisent aux élèves ou s'en servent comme prompteur. En revanche, tous les enseignants ajoutent des commentaires, font le lien avec leur vie de classe, s'assurent de la compréhension en précisant un mot, en reformulant… Bref, tous les enseignants assurent le lien entre leur classe et la Bulle.

Les **pictogrammes** indiquent si le travail se fait en groupe classe à l'oral ou à l'écrit, individuellement ou en binômes :

En collectif, à l'oral ou à l'écrit

Sur ardoise individuellement ou en binômes

Ce pictogramme est dédié aux moments de pause réflexive qui permettent de faire un bilan.

En pratique

Les co-concepteurs ont constaté que l'utilisation des pictogrammes améliore la fluidité de la mise en œuvre.

Pour vidéoprojeter les diaporamas, il est nécessaire d'utiliser un vidéoprojecteur connecté à internet. Pour les faire défiler, l'idéal est de se munir d'une souris sans fil ou d'un stylet ou encore d'une télécommande de présentation (avec pointeur laser) afin d'être mobile.

La prise en main des diaporamas de *Lecture Doc* peut décontenancer car elle est éloignée des pratiques habituelles d'enseignement. Toutefois les bénéfices sont réels lors de la mise en œuvre en classe. Cet outil, qui fait du numérique à la fois un objet et un outil d'apprentissage, correspond aux préconisations faites dans le rapport TALIS. En effet, alors que le rapport déplore que les enseignants français soient moins nombreux que leurs collègues européens « à parvenir à encourager l'apprentissage des élèves à travers l'utilisation du numérique » (MEN-DEPP, 2019), *Lecture Doc* met le numérique au service de ses scénarios apprentissages en proposant un enseignement augmenté.

En pratique

Pour une meilleure appropriation, les co-concepteurs conseillent de préparer les séances en visualisant, en même temps, le guide du maitre et le diaporama. En classe, il est préférable de suivre les bulles et de se laisser guider.
Les co-concepteurs qui ont opté pour la projection des diaporamas ont constaté les bénéfices dès le deuxième épisode. Ils ont aussi observé que les élèves n'ont aucun souci d'adaptation, et ce dès le premier épisode. Ils ont trouvé qu'ils « avaient moins le nez dans le guide du maitre » et que cela leur permettait d'être au plus près des échanges avec leurs élèves (Renaud, 2020b).

Bibliographie

BALDRY, A. et THIBAULT, P. J. (2006). *Multimodal transcription and text analysis: A multimedia toolkit and coursebook*. Londres, Royaume-Uni : Equinox.

BAUTIER, É. (2015). « Quand la complexité des supports fait obstacle à la compréhension de tous les élèves ». *Spirale*, 55, 11-20.

BAUTIER, É., CRINON, J., DELARUE-BRETON, C. et MARIN, B. (2012). « Les textes composites : des exigences de travail peu enseignées ? » *Repères*, 45, 63-79.

BOUCHEIX, J.-M., AMADIEU, F., TRICOT, A. (2016). « Les technologies numériques au service des apprentissages », site *La main à la pâte*, espace Dossiers.

CARTIER, S. (2006). « Stratégies d'apprentissage par la lecture rapportées par des élèves en difficulté d'apprentissage de première secondaire en classe de cheminement particulier de formation ». *Revue des sciences de l'éducation*, 32(2), 439-460.

CEBE, S., GOIGOUX, R. (2009). *Lector & Lectrix*. Paris : Retz.

CEBE, S., GOIGOUX, R. (2015). « Vocabulaire et compréhension de textes : si nous ne laissions à la charge de l'élève que celle qui lui revient ? » *Spirale*, 55, 119-136.

CEBE, S., GOIGOUX, R. (2017). *La sieste de Moussa*. « Narramus ». Paris : Retz.

COLMANT, M. et LE CAM, M. (2017). PIRLS 2016 : évaluation internationale des élèves de CM1 en compréhension de l'écrit. Évolution des performances sur quinze ans. Note d'information, n° 17.24. MEN-DEPP.

CONCEICAO, P., DESCLAUX, A., LACROIX, A. (2023). PIRLS 2021 : la France stabilise ses résultats contrairement aux autres pays européens majoritairement en baisse. Note d'Information, n° 23.21, MEN-DEPP.

DICKSON, S. V., SIMMONS, D. C., KAMEENUI, E. J. (1998). « Text organization : Research Bases ». In D. C. Simmons & E. J. Kameenui (Eds), *What reading research tells us about children with diverse learning needs*. Mahwah, NJ : Erlbaum, 239-278.

EME, E., ROUET, J.-F. (2001). « Les connaissances métacognitives en lecture-compréhension chez l'enfant et l'adulte ». *Enfance*, Vol. 53, 309-328. https://www.cairn.info/revue-enfance1-2001-4-page-309.htm

ESPERET, E. (1984). « Processus de production : genèse et rôle du schéma narratif dans la conduite de récit ». In M. Moscato, G. Pieraut-Le Bonniec (eds), *Le langage : construction et actualisation*. Université de Rouen, n° 98, 179-196.

GARCIA-DEBANC, C. (1988). *Propositions pour une didactique du texte explicatif*. Aster.

GIASSON, J. (2012). *La lecture. Apprentissage et difficultés*. Bruxelles : de Boeck.

GOIGOUX, R. (2003). « Enseigner la compréhension : l'importance de l'autorégulation ». In M.Fayol et D. Gaonac'h (éds.) *Aider les élèves à comprendre : du texte au multimédia*. Paris : Hachette, 182-204.

GOIGOUX, R., RENAUD, J., ROUX-BARON, I. (2021). « Comment influencer positivement les pratiques pédagogiques de professeurs expérimentés ? » *Améliorer les pratiques en éducation : qu'en dit la recherche ?* Coordination éditoriale de Benoît Galand, Michel Janosz, 67-76.

GOIGOUX, R., CEBE, S. (2013). *Lectorino & Lectorinette*. Paris : Retz.

HARMON, J., WOOD, K. (2018). *The vocabulary-comprehension relationship across the disciplines : implications for instruction.* Education Sciences, 8(3), 101.

HIRSCH, E. D. (2003). *Reading comprehension requires knowledge of words and the world.* American Educator, 22, 8-15.

KERVYN, B., GOIGOUX, R. (2021). « Produire des ressources didactiques : une modalité originale de vulgarisation scientifique tournée vers le développement professionnel et créatrice de nouveaux savoirs scientifiques ». *Repères.* Recherches en didactique du français langue maternelle, (63), 185-210.

KURTZ, B., EHRLICH, M. F., McCALL, R., LORIDANT, C. (1995). « Motivational determinants of reading comprehension : A comparison of French, Caucasian-American, and African-American adolescents ». *Applied Cognitive Psychology*, 9, 351-364.

MEN. (2019). Attendus de fin d'année et repères annuels de progression pour le cycle 3. Eduscol. https://eduscol.education.fr/pid38211/attendus-reperes.html

MEN. (2020). Programmes d'enseignement. Cycle de consolidation : modification. Bulletin officiel n°30 juillet 2020.

MEN-DEPP. (2019). Note d'information n° 19.22. Pratiques de classe, sentiment d'efficacité personnelle et besoins de formation : une photographie inédite du métier de professeur des écoles début 2018. Ministère de l'Education nationale.

ONL. (2000). *Maitriser la lecture.* SCEREN-CNDP, Odile Jacob Editions.

PARIS, S. G., JACOBS, J. E. (1984). « The benefits of informed instruction for children's reading awareness and comprehension skills ». *Child Development*, 55, 2083-2093.

RENAUD, J. (2020a). « Quelles cibles didactiques viser dans l'enseignement de la lecture documentaire sur support numérique au cycle 3 ? » *Repères.* Recherches en didactique du français langue maternelle, (61).

RENAUD, J. (2020b). « Évaluer l'utilisabilité, l'utilité et l'acceptabilité d'un outil didactique au cours du processus de conception continuée dans l'usage : cas d'un outil pour l'enseignement de la lecture de textes documentaires numériques ». *Éducation et didactique*, 2, 65-84.

RENAUD, J. (2020c). Processus de conception d'un outil didactique d'enseignement de la lecture documentaire numérique au cycle 3 (Doctoral dissertation, Université Clermont Auvergne [2017-2020]).

RENAUD, J., MAGNERON, N. (2022). Entre lire et apprendre en sciences à partir de textes documentaires : des savoirs visibles et invisibles. Une étude de cas sur mélanges et solutions dans quatre manuels de cycle 3. RDST. Recherches en didactique des sciences et des technologies, (26), 53-82.

RENAUD, J. (2023). Concevoir un outil didactique avec et pour les enseignants. Questionner l'articulation entre théories et pratiques en didactique du français, 14, 83-104.

RENAUD, J. BECERRA, M.C. (2024). Instrumenter le retour réflexif des professeurs au bénéfice de la perception de leur développement professionnel. Phronesis, 13(4).

RENAUD, J., SCHILLINGS, M. et ANDRÉ, M. (sous presse). « La lecture à l'heure du numérique : performances des élèves et pistes de changement en France et en Belgique francophone ». *Repères*, (72).

ROUET, J. F., BRITT, M. A. et DURIK, A. M. (2017). « RESOLV: Readers' representation of reading contexts and tasks ». Educational Psychologist, 52(3), 200-215.

SNOW, C.E. & the RAND reading study group. (2002). *Reading for understanding.* Toward a R&D program for reading comprehension. Santa Monica, CA: RAND.

STOCKINGER, P. (2005). *Les sites Web : conception, description et évaluation.* Paris, Lavoisier.

TRICOT, A., & MUSIAL, M. (2020). *Précis d'ingénierie pédagogique.* De Boeck Supérieur.

VAN DEN BROEK, P., KENDEOU, P. (2008). « Cognitive processes in comprehension of science texts: the role of co-activation in confronting misconceptions ». *Applied cognitive*, 22, 335-351.

module 1

Apprendre à lire des articles d'encyclopédie

objectif du module 1

Apprendre à lire et à montrer qu'on a compris des textes documentaires du type encyclopédie papier.

plan du module 1

Partie 1 · Apprendre à faire son parcours de lecture en fonction d'un but

Épisode 1. Lire par blocs de sens

Épisode 2. Faire son parcours de lecture parmi des blocs

Partie 2 · Apprendre à répondre à des questions : copier-coller, reformuler

Épisode 3. Écrire une réponse en utilisant du copier-coller et en reformulant

Épisode 4. Répondre à des questions : justifier sa réponse

matériel

affichages collectifs	*fiches individuelles à photocopier*
Partie 1	
– Vidéo « 1 jour, 1 question, À quoi sert le cerveau ? ». – Le documentaire à remettre dans l'ordre. – Le documentaire finalisé. – Les images pour apprendre le vocabulaire. – Les pièces du puzzle de la démarche. – Le sommaire d'une encyclopédie. – Le documentaire extrait de *L'encyclopédie du corps humain*, dont les textes sont masqués. – Les textes de ce documentaire à découper et coller. – Le documentaire extrait de *L'encyclopédie du corps humain*, Gallimard jeunesse. – Les engrenages de synthèse.	– Le documentaire à remettre dans l'ordre. – Le documentaire extrait de *L'encyclopédie du corps humain*, dont les textes sont masqués. – Les textes de ce documentaire à découper et coller. – Le documentaire extrait de *L'encyclopédie du corps humain*, Gallimard jeunesse.
Partie 2	
– Les images pour apprendre le vocabulaire. – Vidéo « Les émotions », extrait du film *Vice-Versa*. – Les pièces du puzzle de la démarche. – Le documentaire « Les émotions ». – Le paragraphe « Les phobies » et la réponse d'un élève virtuel. – Le paragraphe « Quand on a peur... » et la réponse d'un élève virtuel. – Le documentaire « Les vrai faux du cerveau ». – Les engrenages de synthèse. – Deux quiz pour faire le bilan. – L'image pour réviser le vocabulaire.	– Le documentaire « Les émotions ». – Une question sur ce documentaire. – Le documentaire « Les vrai faux du cerveau ». – Un questionnaire sur ce documentaire. – Deux quiz pour faire le bilan. – L'auto-évaluation de fin de module. – Une fiche d'entrainement.

Partie 1

Apprendre à faire son parcours de lecture en fonction d'un but

épisode 1

Lire par blocs de sens

Ce que vos élèves devront avoir retenu à la fin de l'épisode :
Lire un documentaire, c'est percevoir des blocs de sens.
Une image va avec sa légende, un sous-titre va avec son paragraphe... Ils forment des blocs de sens.

Durée : environ 2 h, à organiser en plusieurs séances.

Matériel
Diaporama « Lire par blocs de sens » (https://urlz.fr/qMRr).
Une ardoise ou un cahier d'essais par élève.

- Étape 1 : Une ou plusieurs encyclopédies.
- Étape 2 : Vidéo « 1 jour, 1 question, À quoi sert le cerveau ? » (https://urlz.fr/rMbP).
- Étape 3 : Le documentaire à remettre dans l'ordre (format collectif + individuel). 1 feuille A3 par binôme.
- Étape 4 : Le documentaire finalisé (format collectif).
- Étape 5 : Les engrenages de synthèse.
- Étape 6 : Les images pour apprendre le vocabulaire.

La semaine qui précède le module, nous vous conseillons de consacrer le quart d'heure de lecture quotidien à un documentaire afin de sensibiliser vos élèves à ce type de textes (journaux pour enfants, documentaires scientifiques...).

Nous conseillons de mener cet épisode en deux séances : tout d'abord les étapes 1 à 3 pour présenter l'objectif et reconstituer le documentaire ; puis les étapes 4 à 6 pour la correction collective, la synthèse et le travail sur le lexique.

Vous avez le choix d'utiliser, ou non, le diaporama (voir p. 23).

Les documents collectifs sont à vidéoprojeter ou à imprimer en grand format pour un affichage en classe.

1 Présenter l'objectif général et celui de l'épisode 1 ⏱ 5 min

Ce temps, très bref, permet de montrer ce qu'est une encyclopédie et d'expliquer son intérêt.

• Écrire au tableau ou afficher le titre du module à l'aide du diaporama : « Apprendre à lire des articles d'encyclopédie ». Le lire ou faire lire, **montrer une encyclopédie** et **questionner** :

Une encyclopédie, qu'est-ce que c'est ?
À quoi ça sert ?

• **Annoncer** les objectifs :

Une encyclopédie regroupe des documentaires qui servent à expliquer et à apprendre beaucoup de choses. C'est difficile à lire car il y a beaucoup de textes, des schémas, du vocabulaire spécifique... Nous allons apprendre à lire des articles d'encyclopédie.

Les documentaires ne se lisent pas comme un roman : on peut commencer sa lecture par n'importe quelle page. Les lecteurs efficaces lisent par blocs. C'est ce que nous allons apprendre à faire aujourd'hui.

Lire par blocs, c'est lire ce qui va ensemble : une image avec sa légende, par exemple. Pour en savoir plus, se référer à la présentation, p. 9.

2 S'approprier un sujet pour mieux comprendre ⏱ 15 min

Les élèves vont être amenés à mobiliser leurs connaissances personnelles sur l'utilité du cerveau puis à les confronter à celles du reste de la classe.

• **Dire :**

Pour mieux comprendre le documentaire sur lequel nous allons travailler, nous allons mobiliser nos connaissances puis les vérifier.

Savez-vous à quoi sert le cerveau ? Chuchotez-le à l'oreille de votre voisin...

• **Noter** les propositions des élèves au tableau, à la manière d'une prise de notes (mots-clés).

Nous allons vérifier en regardant cette vidéo.

• Visionner la vidéo « 1 jour, 1 question, À quoi sert le cerveau ? » (https://urlz.fr/rj2a) pour valider/invalider les propositions des élèves.

Chuchoter à l'oreille de son voisin permet à tous les élèves de prendre la parole et ainsi de mobiliser toute la classe.
Les neurosciences soulignent l'importance de la logique de prédiction pour que les élèves s'engagent dans l'apprentissage : « Est-ce que ce que j'ai prédit est vrai ? »

3 Identifier des blocs de sens pour reconstituer un documentaire ⏱ 40 min

En binômes, les élèves essaient de reconstituer un texte documentaire. L'objectif est de leur faire prendre conscience qu'il faut « mettre ensemble » des éléments textuels complémentaires (par exemple une image et sa légende...) afin de former des blocs de sens.

• Afficher les étiquettes du texte documentaire à remettre dans l'ordre et **présenter le travail** à effectuer :

Ce texte documentaire est dans le désordre. Nous allons le reconstituer.

Cette situation peut dérouter certains élèves. N'hésitez pas à les encourager et à les rassurer en faisant le lien avec les documentaires lus pendant le quart d'heure de lecture quotidien.
Les co-concepteurs ont noté que leurs élèves avaient beaucoup progressé sur la notion de bloc en fin d'étape.

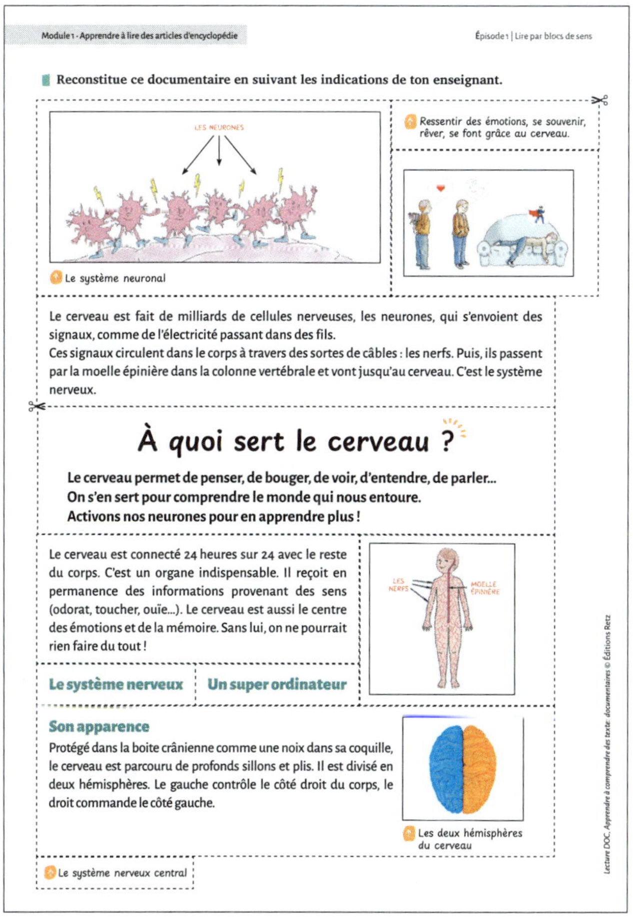

Module 1 - Apprendre à lire des articles d'encyclopédie | Épisode 1 | Lire par blocs de sens

Reconstitue ce documentaire en suivant les indications de ton enseignant.

Le système neuronal

Ressentir des émotions, se souvenir, rêver, se font grâce au cerveau.

Le cerveau est fait de milliards de cellules nerveuses, les neurones, qui s'envoient des signaux, comme de l'électricité passant dans des fils.
Ces signaux circulent dans le corps à travers des sortes de câbles : les nerfs. Puis, ils passent par la moelle épinière dans la colonne vertébrale et vont jusqu'au cerveau. C'est le système nerveux.

À quoi sert le cerveau ?

Le cerveau permet de penser, de bouger, de voir, d'entendre, de parler...
On s'en sert pour comprendre le monde qui nous entoure.
Activons nos neurones pour en apprendre plus !

Le cerveau est connecté 24 heures sur 24 avec le reste du corps. C'est un organe indispensable. Il reçoit en permanence des informations provenant des sens (odorat, toucher, ouïe...). Le cerveau est aussi le centre des émotions et de la mémoire. Sans lui, on ne pourrait rien faire du tout !

Le système nerveux | **Un super ordinateur**

Son apparence
Protégé dans la boite crânienne comme une noix dans sa coquille, le cerveau est parcouru de profonds sillons et plis. Il est divisé en deux hémisphères. Le gauche contrôle le côté droit du corps, le droit commande le côté gauche.

Les deux hémisphères du cerveau

Le système nerveux central

• Organiser la classe en binômes et distribuer à chaque groupe une feuille A3 ainsi que les étiquettes individuelles.

Cherchez les étiquettes qui parlent de la même chose que cette image.

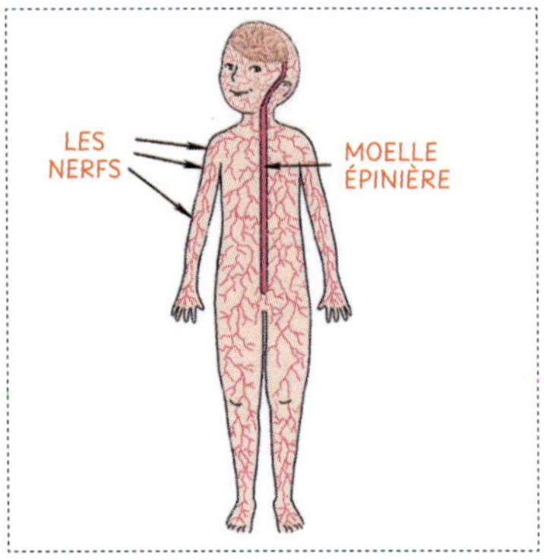

Ce travail de recherche est proposé en binômes pour favoriser les interactions entre élèves.
Certains co-concepteurs ont choisi de donner les étiquettes déjà découpées, dans une enveloppe, afin de gagner du temps (environ 10 minutes).

Laisser volontairement un temps court (environ 5 min) et observer les stratégies des élèves : lecture exhaustive ; lecture-survol avec un balayage rapide pour identifier des mots similaires...

• **Orienter les choix** pour mettre en évidence le lien entre le dessin et sa légende. Présenter ces deux étiquettes :

Ressentir des émotions, se souvenir, rêver, se font grâce au cerveau.	Le système nerveux central

Dans le temps imparti, il est normal que peu de binômes aient la bonne réponse, les stratégies de lecture n'étant pas encore installées. Il est conseillé de présélectionner deux étiquettes pour cibler l'attention des élèves.

Entre ces deux étiquettes, laquelle choisir ?

Recueillir les réponses **des élèves**. Opter pour la bonne **légende** : « Système nerveux central » et faire justifier : l'image et la légende portent toutes les deux sur le même sujet, les nerfs (« les nerfs », « système nerveux »).

Préciser :

L'image donne des informations : elle montre où sont les nerfs dans notre corps ; la légende en donne d'autres : elle précise le nom donné à l'ensemble des nerfs. L'image et la légende sont ici complémentaires : elles vont ensemble.

« L'image et la légende sont connectées » (Sofiane, CM2)

Volontairement, le terme de « légende » est prononcé tardivement, une fois que son sens a été construit. C'est la relation de complémentarité image-légende qui est visée ici. Eme et Rouet (2001) montrent que ce sont les connaissances fonctionnelles (à quoi sert une légende, par exemple) qui sont à construire prioritairement car elles serviront à lire de manière stratégique. C'est ce que nous travaillons : la reconstitution du documentaire permet de se focaliser sur le rôle des différents éléments qui le composent.

• **Afficher** les deux étiquettes suivantes :

> Le cerveau est fait de milliards de cellules nerveuses, les neurones, qui s'envoient des signaux, comme de l'électricité passant dans des fils.
> Ces signaux circulent dans le corps à travers des sortes de câbles : les nerfs. Puis, ils passent par la moelle épinière dans la colonne vertébrale et vont jusqu'au cerveau. C'est le système nerveux.

> **À quoi sert le cerveau ?**
>
> **Le cerveau permet de penser, de bouger, de voir, d'entendre, de parler...**
> **On s'en sert pour comprendre le monde qui nous entoure.**
> **Activons nos neurones pour en apprendre plus !**

Demander :

Entre ces deux étiquettes, laquelle peut-on associer à l'image et sa légende ?

Opter pour le texte : « Le cerveau est fait de milliards de cellules nerveuses... ».

Faire justifier les élèves.

Ce texte va avec l'image et sa légende car il évoque la même chose (« cellules nerveuses », « système nerveux »).

Préciser cependant :

Attention, ce n'est pas parce qu'on voit le même mot que ça va ensemble. C'est le sens général qui compte.

Expliquer qu'au-delà des mots similaires, c'est bien le sens général qui compte pour créer un bloc de sens. C'est la raison pour laquelle il ne faut pas choisir le paragraphe « À quoi sert le cerveau ? » même s'il contient le mot « neurones ».

- Inviter les élèves à **coller** sur leur feuille A3 le dessin, la légende et le texte qui vont ensemble.

La recherche lexicale (recherche du mot « nerveux ») est la stratégie la plus utilisée par les élèves. C'est pourtant celle qui les induit souvent en erreur. Cette stratégie est utile mais non suffisante. Il faut vérifier si, au-delà du même mot, le choix a du sens.

> Le cerveau est fait de milliards de cellules nerveuses, les neurones, qui s'envoient des signaux, comme de l'électricité passant dans des fils.
> Ces signaux circulent dans le corps à travers des sortes de câbles : les nerfs. Puis, ils passent par la moelle épinière dans la colonne vertébrale et vont jusqu'au cerveau. C'est le système nerveux.

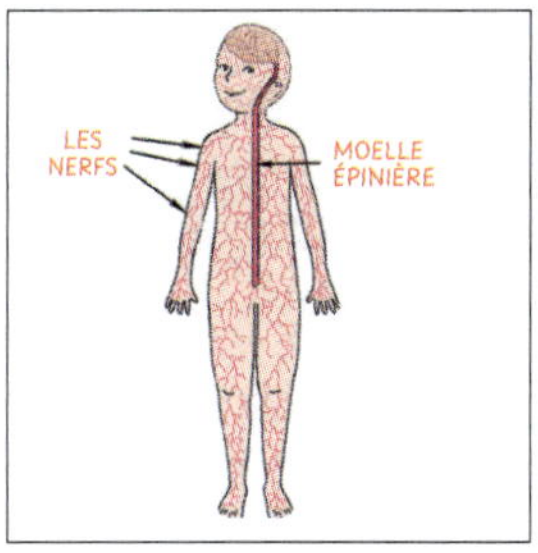

Le système nerveux central

« Ce bloc n'est pas terminé. À vous de continuer ! »

- Leur demander de **continuer l'activité** en associant ce qui va ensemble afin de reconstituer tout le documentaire. Ce n'est qu'à cette étape qu'une lecture consciencieuse est nécessaire.

Leur laisser environ 15 minutes de réflexion, puis leur demander de coller les étiquettes sur leur feuille.

- Inviter les élèves les plus rapides à **surligner** les éléments qui les ont aidés à faire leurs associations.

4 Mettre en évidence les éléments constitutifs des blocs de sens 30 min

Procéder à une correction collective des trois blocs de sens. Le lexique spécifique au genre documentaire (image, légende, sous-titre…) va être systématisé ainsi que le rôle des éléments qui le constituent (à quoi sert une légende, un sous-titre…).

- Débuter la correction par la finalisation du premier bloc de sens amorcé collectivement.

Des co-concepteurs ont choisi de comparer plusieurs documentaires reconstitués par les élèves pour débuter cette mise en commun.

Nous avons associé une image à sa légende et à un paragraphe. Quelles autres étiquettes peut-on associer à ce bloc de sens ?

Proposer les trois étiquettes suivantes :

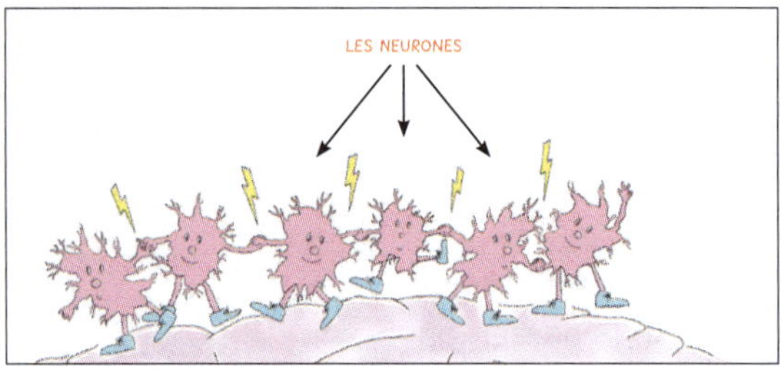

Le système neuronal

Un super ordinateur

Le système nerveux

Choisir le dessin du système neuronal et faire justifier.

Ce dessin va avec le texte car il montre les neurones évoqués dans la première phrase. Cette illustration représente « les neurones qui s'envoient des signaux, comme de l'électricité. »

Ajouter l'image du système neuronal et sa légende au premier bloc. **Placer** aussi l'étiquette « Le système nerveux » au-dessus du paragraphe, en justifiant ce choix : le paragraphe et le sous-titre traitent tous les deux du système nerveux.

Préciser :

Le sous-titre annonce brièvement le sujet du paragraphe.

Observer le bloc de sens ainsi reconstitué et en identifier les différents éléments.

sous-titre — **Le système nerveux**

Le cerveau est fait de milliards de cellules nerveuses, les neurones, qui s'envoient des signaux, comme de l'électricité passant dans des fils.
Ces signaux circulent dans le corps à travers des sortes de câbles : les nerfs. Puis, ils passent par la moelle épinière dans la colonne vertébrale et vont jusqu'au cerveau. C'est le système nerveux. — paragraphe

image

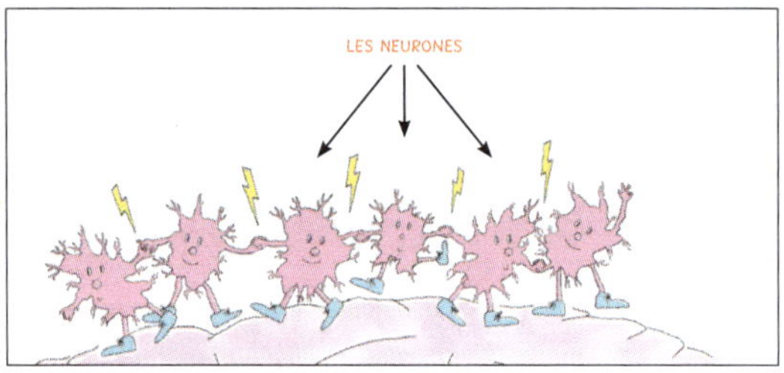

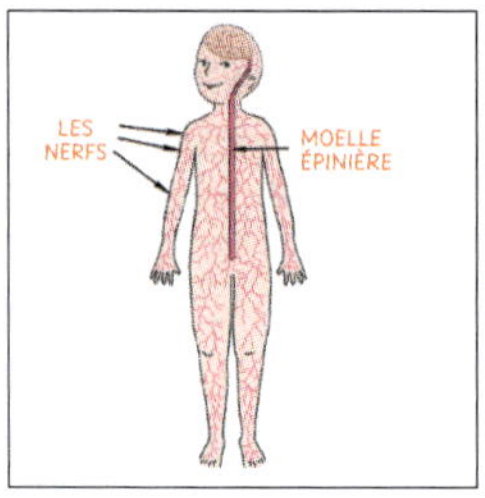

image

légende — Le système neuronal

Le système nerveux central — légende

• **Constater :**

Deux images, deux légendes, un paragraphe, un sous-titre : c'est quand même un bloc. Ces éléments vont ensemble.

• **Poursuivre la correction** afin de reconstituer le deuxième bloc du documentaire :

Quel paragraphe correspond au sous-titre « un super ordinateur » ?

Préciser :

Le paragraphe est un texte qui développe ce qui est annoncé par le sous-titre.

Inviter les élèves à choisir la bonne étiquette-texte parmi les trois restantes et à justifier leur réponse.

sous-titre — **Un super ordinateur**

Le cerveau est connecté 24 heures sur 24 avec le reste du corps. C'est un organe indispensable. Il reçoit en permanence des informations provenant des sens (odorat, toucher, ouïe...). Le cerveau est aussi le centre des émotions et de la mémoire. Sans lui, on ne pourrait rien faire du tout ! — paragraphe

Le sous-titre et le paragraphe vont ensemble car ils parlent de la même chose : le cerveau est connecté, c'est un super ordinateur. **Ils forment un bloc de sens.**

Peut-on les associer avec d'autres étiquettes ?

Les élèves doivent associer le dessin restant à sa légende.

Ressentir des émotions, se souvenir, rêver, se font grâce au cerveau.

On obtient alors le deuxième bloc complet.

Ressentir des émotions, se souvenir, rêver, se font grâce au cerveau.

Un super ordinateur

Le cerveau est connecté 24 heures sur 24 avec le reste du corps. C'est un organe indispensable. Il reçoit en permanence des informations provenant des sens (odorat, toucher, ouïe...). Le cerveau est aussi le centre des émotions et de la mémoire. Sans lui, on ne pourrait rien faire du tout !

- **Constater** :

Un sous-titre, un paragraphe, une image et sa légende forment encore un bloc de sens. Ces éléments vont ensemble.

- **Vérifier les acquis** en identifiant les éléments du troisième bloc du documentaire.

Montrer l'étiquette titrée « Son apparence » et demander :

Voici un bloc de sens. De quoi est-il composé ?

Inviter les élèves à répondre sur leur ardoise.

Corriger collectivement : désigner le sous-titre, le paragraphe, l'image et sa légende.

Via le diaporama, il est possible de lancer une Learning App (https://urlz.fr/aab2) pour la correction de cet exercice.

sous-titre

Son apparence

Protégé dans la boite crânienne comme une noix dans sa coquille, le cerveau est parcouru de profonds sillons et plis. Il est divisé en deux hémisphères. Le gauche contrôle le côté droit du corps, le droit commande le côté gauche.

paragraphe

image

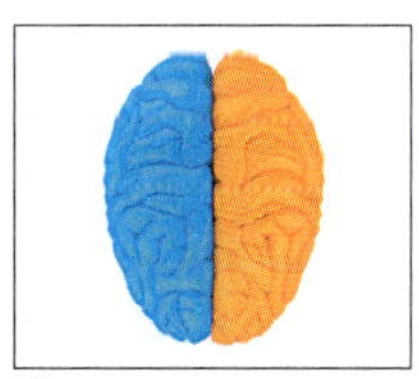

Les deux hémisphères du cerveau

légende

- Prendre la dernière étiquette, intitulée « À quoi sert le cerveau ? ».

À quoi sert le cerveau ?

Le cerveau permet de penser, de bouger, de voir, d'entendre, de parler...
On s'en sert pour comprendre le monde qui nous entoure.
Activons nos neurones pour en apprendre plus !

De quoi est composée cette étiquette ?

Recueillir les propositions des élèves. Expliquer qu'il s'agit du **titre** et de l'**introduction** du documentaire. Préciser qu'un titre annonce le sujet de tout le documentaire ; l'introduction précise rapidement ce qu'on va y trouver, c'est comme un petit résumé du documentaire.

• **Afficher** le documentaire reconstitué.

Module 1 · Apprendre à lire des articles d'encyclopédie — Épisode 1 | Lire par blocs de sens

À quoi sert le cerveau ?

**Le cerveau permet de penser, de bouger, de voir, d'entendre, de parler…
On s'en sert pour comprendre le monde qui nous entoure.
Activons nos neurones pour en apprendre plus !**

Ressentir des émotions, se souvenir, rêver, se font grâce au cerveau.

Un super ordinateur

Le cerveau est connecté 24 heures sur 24 avec le reste du corps. C'est un organe indispensable. Il reçoit en permanence des informations provenant des sens (odorat, toucher, ouïe…). Le cerveau est aussi le centre des émotions et de la mémoire. Sans lui, on ne pourrait rien faire du tout !

Son apparence

Protégé dans la boite crânienne comme une noix dans sa coquille, le cerveau est parcouru de profonds sillons et plis. Il est divisé en deux hémisphères. Le gauche contrôle le côté droit du corps, le droit commande le côté gauche.

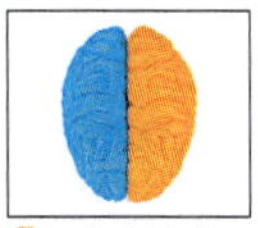

Les deux hémisphères du cerveau

Le système nerveux

Le cerveau est fait de milliards de cellules nerveuses, les neurones, qui s'envoient des signaux, comme de l'électricité passant dans des fils.
Ces signaux circulent dans le corps à travers des sortes de câbles : les nerfs. Puis, ils passent par la moelle épinière dans la colonne vertébrale et vont jusqu'au cerveau. C'est le système nerveux.

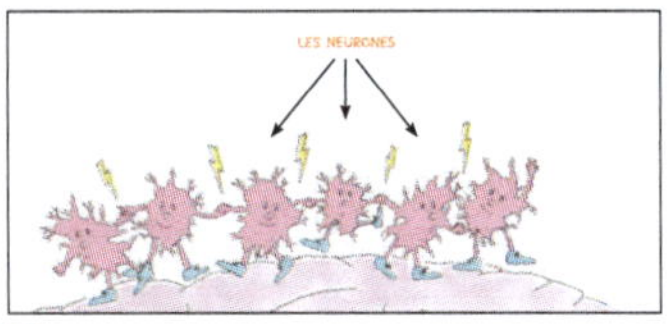

Le système neuronal

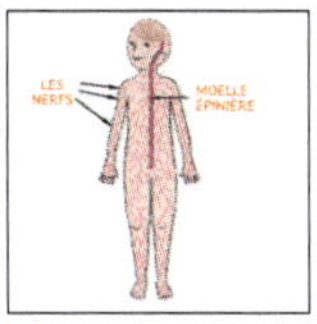

Le système nerveux central

D'après les travaux de Bautier *et al.* (2012), il est important, après avoir eu une vision éclatée du documentaire, de conclure sur ce qui fait l'unité du document.

Présenter aussi quelques documentaires reconstitués par les élèves. Les rassurer si la disposition des blocs est différente.

L'important était de reconstituer les blocs de sens.

Insister sur l'importance d'associer les éléments qui vont ensemble.

Des co-concepteurs ont demandé aux élèves d'entourer les blocs de sens sur leur feuille A3, et/ou sur le documentaire finalisé collectif. Certains ont aussi fait légender les différents éléments du texte documentaire (titre, introduction, sous-titre…) et en ont gardé une trace en affichage collectif.

5 Synthétiser ⏱ 10 min

Les élèves sont amenés à décontextualiser ce qu'ils ont compris sur les blocs.

• Expliquer aux élèves qu'ils vont réfléchir à ce qu'ils viennent de faire.

Nous allons chercher à comprendre comment « fonctionnent » les documentaires (et pas ce que nous avons appris sur le cerveau !).

Qu'avez-vous compris sur les blocs ?

Faire émerger la synthèse suivante :

Aujourd'hui, nous avons appris que…

> Un texte documentaire est composé de blocs de sens (des éléments qui vont ensemble).
> Un bloc peut être composé d'un sous-titre, d'un paragraphe, d'image(s), de légende(s)…
> Tous les blocs vont avec le titre et l'introduction du texte documentaire.

Cette phase est essentielle pour montrer aux élèves que ce n'est pas tant le cerveau qui nous importe, mais la manière de lire le documentaire.
Les co-concepteurs précisent que, au départ, ce temps réflexif est difficile pour leurs élèves. Cependant, ils ont ensuite observé de très nets progrès au fil du module.

• Afficher la synthèse sous forme d'engrenages :

• Ou faire écrire le texte suivant :

Pour lire un article d'encyclopédie, je repère les blocs de sens, c'est-à-dire ce qui va ensemble (une image et sa légende par exemple).

DÉFI ! En science, histoire ou géographie, vous devrez entourer un bloc de sens dans un document.

La trace écrite peut être recopiée par les élèves ou être affiché en classe sous la forme des engrenages disponibles dans le matériel à imprimer.

Le défi permet de réinvestir les acquis dans un autre contexte sans alourdir la séance.

6 Mettre le vocabulaire en mémoire ⏱ 10 min

Ces temps d'apprentissage, ritualisés tout au long du module, ont pour objectif de faire acquérir du lexique et des connaissances aux élèves.

Des co-concepteurs ont préféré mener ce temps de lexique de manière décrochée afin de ne pas alourdir la séance.

• Projeter l'image représentant des **neurones**.

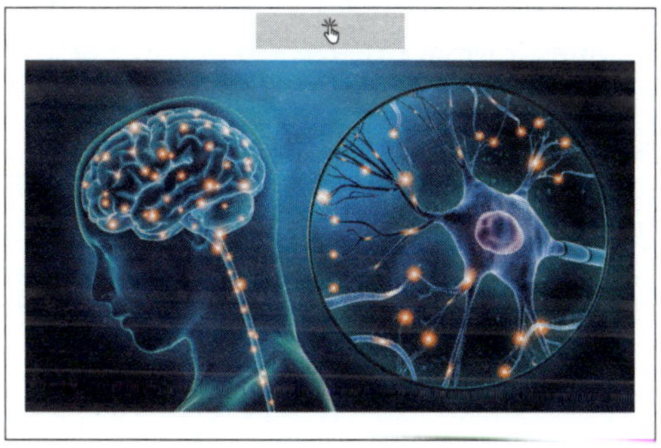

© iStock

Que représente cette image ?

Interroger brièvement les élèves pour caractériser l'image puis valider ou invalider leurs propositions. Cliquer au-dessus de l'image pour afficher le mot.

Cette image représente des neurones. Les neurones transmettent les informations au cerveau. Ils forment des connexions neuronales.

• Suivre la même démarche avec l'image représentant le **cerveau** et chaque **hémisphère cérébral**.

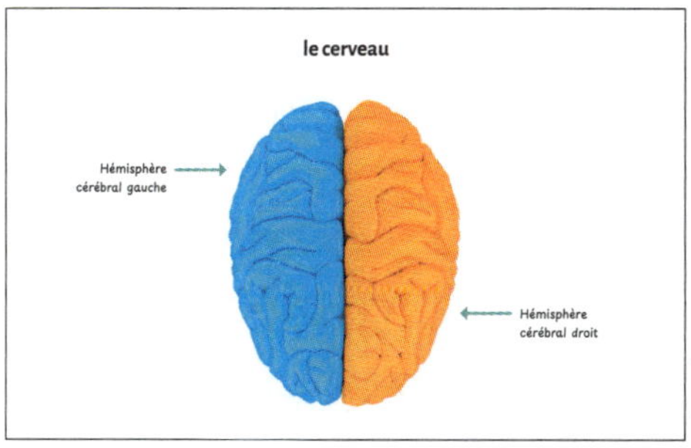

© iStock

Cette image représente un cerveau. Celui-ci est constitué d'un hémisphère gauche et d'un hémisphère droit.

Prolongements

• Proposer aux élèves de **consulter une encyclopédie** afin de vérifier que les compétences travaillées sont valables pour n'importe quel documentaire. Cette recherche peut être menée dans le fond de la classe ou en bibliothèque.
• Lectures possibles :
A. Jacquard, *C'est quoi l'intelligence ?*, Le Seuil, 1989, p. 16 à 19.
O. Houdé et G. Borst, *Mon cerveau*, « Questions Réponses », Nathan, 2021.

épisode 2

Faire son parcours de lecture parmi les blocs de sens

Ce que vos élèves devront avoir retenu à la fin de l'épisode :
Un documentaire ne se lit pas comme un roman. Il faut faire son parcours de lecture parmi des blocs, diversement constitués d'images, de légendes, de sous-titres et de paragraphes, en fonction de ce qu'on cherche.

Durée : 1 h 10 à organiser en plusieurs séances.

Matériel
Diaporama « Faire son parcours de lecture » (https://urlz.fr/qMS3).
Une ardoise ou un cahier d'essais par élève.
- Étape 1 : Les images pour apprendre le vocabulaire.
- Étape 3 : La pièce du puzzle de la démarche : 1. Ce que je cherche.
  Un sommaire fictif d'encyclopédie sur le corps humain (format collectif).
- Étape 4 : Le documentaire « Droite ou gauche ? » extrait de l'encyclopédie du corps humain, dont les textes sont masqués (format collectif + format individuel).
  Les textes de ce documentaire à découper et à coller (format collectif + individuel).
  Le texte documentaire extrait de *L'encyclopédie du corps humain*, Gallimard jeunesse (format collectif + individuel).
- Étape 5 : L'engrenage de synthèse.

1 Apprendre du vocabulaire pour mieux comprendre ⏱ 10 min

Le lexique appris lors de cette étape sert à préparer la lecture du prochain documentaire : il vise à en faciliter la compréhension. Cet apprentissage s'organise en trois temps : mémorisation, vérification de la mise en mémoire, utilisation dans d'autres contextes (transfert) lors des prochaines étapes.

• Projeter l'image représentant une **intonation**.

Que représente cette image ?

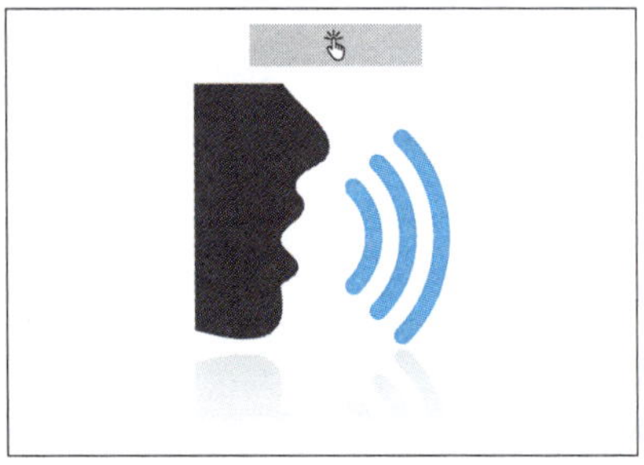

© iStock

Interroger brièvement les élèves pour caractériser l'image puis valider ou invalider leurs propositions (afficher le mot).

L'intonation est la mélodie de la voix.

• Afficher ensuite l'image et la question pour figurer la **spatialisation**.

© iStock

Laisser les élèves répondre et expliquer :

Orange, verte, blanche. Le fait de pouvoir imaginer les faces que nous ne voyons pas s'appelle la spatialisation.

• Poursuivre en affichant l'image du mot « logique ».

© iStock

Préciser :

La logique, c'est raisonner selon un enchainement cohérent obéissant à des règles.

• Passer ensuite à la **révision** du lexique appris précédemment : « neurones » et « hémisphère cérébral ».

• Remontrer chaque image en invitant les élèves à prononcer l'expression ou le mot appris.

2 Faire un rappel de l'épisode 1 et présenter le nouvel objectif ⏱ 10 min

Ce temps, très bref, permet de remobiliser rapidement les acquis de l'épisode précédent et de présenter l'objectif du travail à venir.

• **Rebrasser** les connaissances acquises.

Qu'avez-vous retenu sur les blocs ?

Relire la trace écrite et/ou les engrenages de synthèse (voir p. 37).

• **Réviser** : reprendre le texte documentaire reconstitué lors du premier épisode. Identifier les blocs et nommer les éléments (titre, introduction, sous-titre...). Il est aussi possible de s'entrainer sur d'autres articles extraits d'encyclopédies.

Le diaporama propose une Learning App pour cette révision (https://urlz.fr/acg2) : « Retrouver les noms des éléments d'un documentaire ».

Faire le lien entre ce rappel et le défi proposé à la fin de l'épisode 1 (« Entourer un bloc dans un document »), si votre classe l'a effectué.

• **Présenter l'objectif** de ce deuxième épisode : faire son parcours de lecture parmi les blocs de sens d'un texte documentaire.

Dans un roman, on lit de gauche à droite, de haut en bas. Dans un texte documentaire, on décide quel bloc on va lire. Aujourd'hui, nous allons apprendre à faire notre parcours de lecture parmi des blocs car un documentaire ne se lit pas comme un roman.

Reformuler éventuellement « parcours de lecture » par « faire son chemin ».

3 Être stratégique dans sa lecture du sommaire ⏱ 10 min

Les élèves sont amenés à identifier l'article qui les intéresse, dans un sommaire, en s'aidant des titres. Ils doivent faire des hypothèses.

• Écrire la question suivante au tableau :

Quelle partie du cerveau nous sert à faire des calculs ?

Inviter les élèves à lire la question en précisant que vous allez la masquer. La faire disparaitre à l'aide d'un cache et leur demander de la reformuler.

Que cherchons-nous ?

Vérifier en faisant réapparaitre la question.

Présenter la **première pièce de puzzle** « Ce que je cherche ».

Si vous utilisez le diaporama, inutile d'écrire la question au tableau. Une animation prend en charge son apparition et sa disparition.

Cette première pièce de puzzle sert à mettre en évidence la première étape d'une lecture documentaire : savoir ce qu'on cherche. Or les élèves ont parfois des difficultés à définir et à maintenir en mémoire leur intention de lecture (Boucheix *et al.*, 2016). Il est conseillé d'apprendre à vos élèves à maintenir ce but en mémoire, notamment en le reformulant et en le réactivant régulièrement afin de « garder le cap » lorsqu'il s'agira de lire de manière sélective.

Nous cherchons un article d'encyclopédie qui nous permettrait de savoir quelle partie du cerveau nous utilisons quand nous faisons des calculs mathématiques.

• **Afficher le sommaire** (fictif) d'une encyclopédie sur le corps humain. Expliciter le mot « sommaire », notamment en faisant le lien avec un de leurs manuels, par exemple.

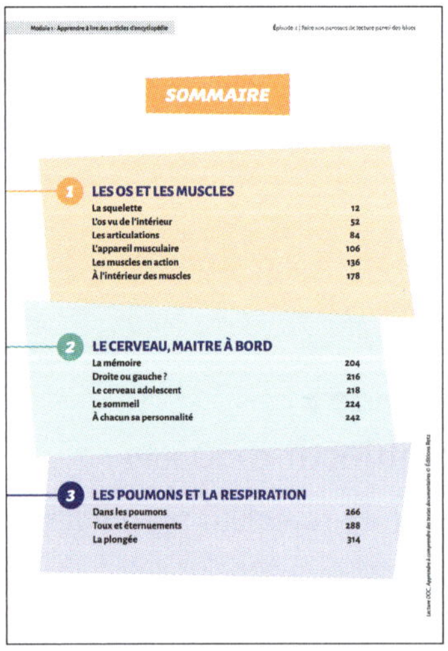

Module 1 : Apprendre à lire des articles d'encyclopédie — Épisode 2 | Faire son parcours de lecture parmi des blocs

SOMMAIRE

Dans ce sommaire, cherchez l'article qu'il faut consulter pour répondre à la question.

Demander aux élèves d'écrire le titre de l'article sur leur ardoise ou leur cahier d'essais.

• Procéder à la **mise en commun**.

Comment avez-vous fait pour trouver rapidement l'information ?

Laisser les élèves expliquer leur stratégie puis expliciter la démarche efficace, en procédant comme suit :

– Lire le titre de la première partie : « Les os et les muscles ».

Ce sous-titre n'a rien à voir avec ce qu'on cherche. On l'élimine.

– Le barrer.

– Lire le titre de la deuxième partie : « Le cerveau, maitre à bord ».

Ce sous-titre est **peut-être** en lien avec ce qu'on cherche. Ce n'est pas parce qu'il y a un mot commun avec la question (« cerveau ») que c'est juste : c'est le sens qui prime. Même lorsqu'on pense avoir trouvé, on vérifie en poursuivant sa recherche sur le reste du sommaire.

– Lire le titre de la troisième partie : « Les poumons et la respiration ».

Ce sous-titre n'a rien à voir avec ce qu'on cherche. On l'élimine.

– Le barrer aussi.
– Revenir à la deuxième partie et lire les quatre sous-titres. Procéder également par élimination afin d'opter pour le bon documentaire : « Droite ou gauche ? », page 216. Faire justifier.

C'est ce titre car nous cherchons une partie du cerveau. Nous savons qu'il existe un hémisphère droit et un hémisphère gauche, donc deux parties distinctes.

• Annoncer aux élèves qu'ils vont lire cet article d'encyclopédie pour trouver l'information recherchée.

4 Utiliser les sous-titres pour faire son parcours de lecture ⏱ 30 min

Cette étape est dédiée au jeu des extraits. Les élèves doivent recourir à une lecture stratégique des sous-titres d'un documentaire pour faire des hypothèses sur le contenu des paragraphes qui les accompagnent. Quel sous-titre sélectionner ? Par lequel commencer ? Et si je ne trouve pas, que lirai-je ensuite ?

• **Afficher** l'article intitulé « Droite ou gauche ? » et en **distribuer** un exemplaire à chaque élève.

Les paragraphes sont masqués afin d'obliger les élèves à faire des inférences à partir des sous-titres.

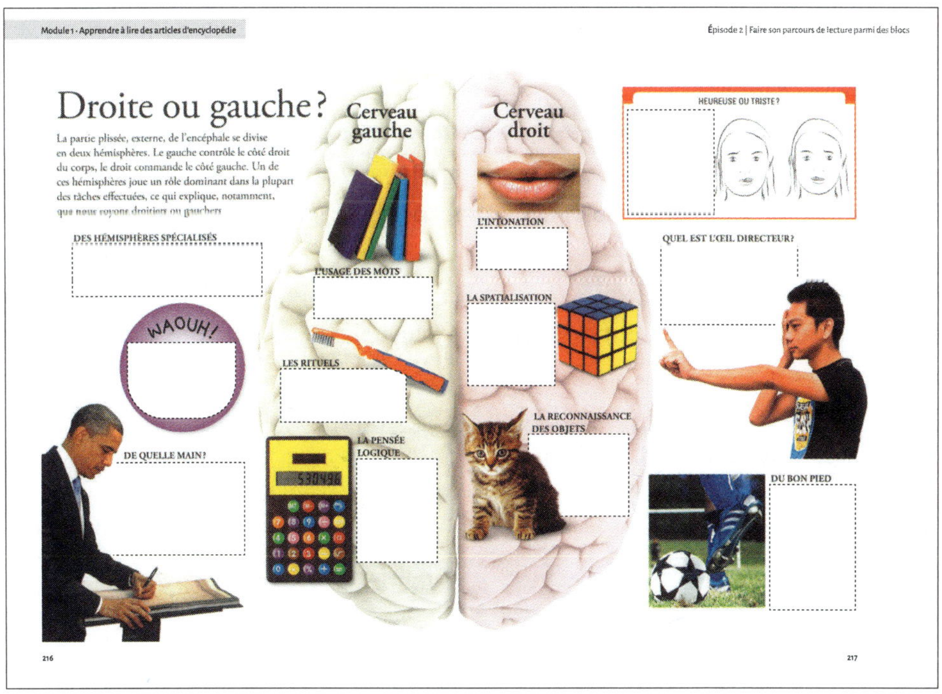

Encyclopédie du corps humain, traduit par Manuel Boghossian et Sylvie Deraime, © Éditions Gallimard Jeunesse, d'après *Human Body : a children's encyclopedia* © Dorling Kindersley.

• **Rappeler l'information** recherchée :

Quelle partie du cerveau nous sert à faire des calculs ?

Préciser qu'il n'est pas utile de lire tout l'article pour trouver cette information. Il faut choisir le bon bloc. Expliquer que les textes sont volontairement cachés pour aider les élèves à choisir le bon sous-titre dans la double-page.

Dans quel bloc allez-vous chercher ? Pourquoi ?

Les élèves entourent le bloc sur leur feuille.

• **Mettre en commun** : faire argumenter les élèves sur leur choix. Le reste de la classe valide, invalide ou complète les propositions.

• **Valider** : « La pensée logique », illustrée par la calculatrice, en lisant/faisant lire le paragraphe.

L'image de la calculatrice vous a certainement aidés. Le sous-titre donne aussi une information importante car calculer, c'est utiliser sa « pensée logique ». La lecture du paragraphe a permis de répondre à la question de départ : c'est le cerveau gauche qui sert à faire des calculs.

• **Conclure** par :

Vous avez utilisé les sous-titres pour trouver rapidement ce que vous cherchiez. Être stratégique, c'est apprendre à choisir, car un documentaire ne se lit pas comme un roman.

Les sous-titres sont une prise d'informations essentielle, cependant ils sont très peu utilisés par les élèves, qui ont en général peu de stratégies. Soit ils lisent tout le documentaire, soit ils lisent au hasard en cherchant des mots identiques.

Le diaporama permet d'afficher les textes au fur et à mesure. Il est aussi possible de découper et coller les textes au bon endroit sur la double page, au format collectif et/ou individuel.

• **Pour entrainer les élèves,** mettre en place le **jeu des extraits**.

Je vais lire un extrait et vous devrez trouver dans quel bloc il se trouve.

Lire à voix haute : « Pour frapper dans un ballon, nous utilisons naturellement notre pied dominant. »

Dans quel bloc allez-vous chercher ? Pourquoi ?

Les élèves entourent le bloc sur leur feuille.

• **Mettre en commun** : faire argumenter les élèves sur leur choix. Le reste de la classe valide, invalide ou complète les propositions.

– Pas « œil dominant » même s'il y a le mot « dominant ».

– Peut-être « du bon pied » car il y a le mot « pied » et une image correspondante.

« L'image a attiré mon attention puis j'ai lu le sous-titre. » (Léo, CM1)

Faire remarquer que c'est la lecture du bloc (le sous-titre et son paragraphe) qui permet de valider cette hypothèse.

Valider : « Du bon pied ». Lire ou faire lire le texte correspondant.

• **Lire un autre extrait** : « Neuf personnes sur dix environ sont droitières. » et suivre la même démarche.

Entourez le bloc correspondant sur votre feuille et écrivez le sous-titre sur votre ardoise.

Corriger en faisant argumenter les élèves puis valider en affichant et lisant le paragraphe : « De quelle main ? »

« On parle de main avec "droitière". » (Célia, CM2)

Vous avez fait votre parcours de lecture ! Faire son parcours de lecture, c'est choisir ce qu'on lit... ou pas. C'est ne surtout pas lire le documentaire comme un roman.

• Si nécessaire, lire encore un extrait et procéder de la même manière : Quel bloc ? Quel sous-titre ? Pourquoi ?

Avant de valider le choix du bloc, des co-concepteurs ont laissé un bref temps de mutualisation. Les élèves comparent leur réponse (le sous-titre du bloc) avec celle de leur voisin ou de leur ilot puis ils décident d'une réponse collective.

La recherche lexicale est la stratégie la plus utilisée par les élèves. C'est pourtant celle qui les induit souvent en erreur. Au-delà du même mot, il faut vérifier si le choix a du sens.

La notion de parcours de lecture est au cœur de cette activité : les élèves sélectionnent ce qu'ils veulent lire en s'aidant des sous-titres. Alors que dans un roman, ils sont obligés de tout lire.

Vous pouvez demander aux élèves d'entourer le bloc, d'écrire le sous-titre ET de justifier leur choix. Cette justification écrite permet une gradation dans la difficulté et de varier le jeu, sans lasser les élèves.

5 Synthétiser 10 min

Les élèves sont amenés à décontextualiser ce qu'ils ont compris sur le parcours de lecture.

- Expliquer aux élèves qu'ils vont réfléchir à ce qu'ils viennent de faire.

Nous allons chercher à comprendre comment lire les documentaires (et pas ce que vous avez appris sur le cerveau !).

Les co-concepteurs ont remarqué que des élèves retiennent encore le contenu (hémisphères du cerveau…) au lieu de se focaliser sur les stratégies de lecture. Ceci s'estompera au fil des séances.

Qu'avez-vous compris sur le parcours de lecture ?

Faire émerger la synthèse suivante :

Aujourd'hui, nous avons appris que…

> Un documentaire ne se lit pas comme un roman : nous devons faire notre parcours de lecture.
> Faire **son parcours de lecture**, c'est choisir les blocs à lire en fonction de ce que je cherche.

- Afficher la synthèse sous forme d'engrenage :

Cet engrenage s'ajoute aux deux précédents (voir p. 37).

- Ou faire écrire le texte suivant :

Faire son parcours de lecture, c'est **choisir les blocs à lire** en fonction de ce que je cherche.

DÉFi ! En science, histoire ou géographie, constater qu'on opte souvent pour un parcours de lecture.

Vous trouvez que les notions vues dans cette première partie sont encore fragiles ? Pas de panique, tout sera repris dans le module 2 avec les articles d'encyclopédie en ligne. En attendant, vous pouvez multiplier les défis.

Partie 2
Apprendre à répondre à des questions

épisode 3

Écrire une réponse en utilisant du copier-coller et en reformulant

Ce que vos élèves devront avoir retenu à la fin de l'épisode :
Pour écrire une réponse à une question, il faut :
– parfois copier-coller des mots de la question et des mots du texte ;
– parfois reformuler ;
– vérifier que la réponse a du sens, qu'elle sera comprise par celui qui va la lire.

Durée : 1 h 20 min à organiser en plusieurs séances.

Matériel
Diaporama « Copier-coller, reformuler » (https://urlz.fr/qMuj).
Une ardoise ou un cahier d'essais par élève.

- Étape 1 : Les images pour apprendre le vocabulaire.
  Vidéo « Les émotions », extrait du film *Vice-Versa 1* (https://urlz.fr/rk8d).
- Étape 3 : Les pièces du puzzle de la démarche : 1. Ce que je cherche ; 2. Ce que je sélectionne.
  Le documentaire « Les émotions » (format collectif + individuel).
  Le paragraphe « Les phobies » et la réponse d'un élève virtuel (format collectif).
  Une question sur le documentaire (format individuel).
- Étape 4 : Le paragraphe « Quand on a peur... » et la réponse d'un élève virtuel (format collectif).
- Étape 5 : Le quiz pour faire le bilan (format collectif + individuel).
  Les engrenages de synthèse.

Nous conseillons de mener cet épisode en deux séances : tout d'abord les étapes 1 à 3 pour réviser le vocabulaire, faire le rappel, présenter l'objectif et apprendre à répondre à une question avec le copier-coller ; puis les étapes 4 et 5, pour apprendre à répondre à une question en reformulant et faire la synthèse.

1 Mettre du vocabulaire en mémoire et enrichir ses connaissances ⏱ 10 min

Ce temps d'apprentissage du lexique et le visionnage de la vidéo peuvent être menés de manière décrochée. En revanche, ils doivent obligatoirement précéder l'étape 3 sur la recherche d'informations.

- Projeter l'image représentant la **phobie**.

© iStock

Que représente cette image ?

Interroger brièvement les élèves pour caractériser l'image puis valider ou invalider leurs propositions (afficher le mot).

Avoir une phobie, c'est avoir une grande peur face à quelque chose. Par exemple, certaines personnes ont la phobie des araignées.

• **Réviser** le lexique appris précédemment : *l'intonation, la spatialisation, la logique, les neurones, un hémisphère cérébral*. Remontrer chaque image en invitant les élèves à prononcer l'expression ou le mot appris.

• Regarder l'extrait du film *Vice-versa* sur les émotions (https://urlz.fr/rk8d).

Le visionnage de cette vidéo (3'37) est un prolongement de ce qui a été vu dans les deux premiers épisodes sur le cerveau. Il facilitera la compréhension du documentaire à lire ensuite.

Après le visionnage, interroger les élèves :

Que nous apprend cette vidéo sur le cerveau ?

Laisser les élèves répondre puis, si cela n'a pas été dit, ajouter que :
– c'est notre cerveau qui commande ;
– les émotions contrôlent notre cerveau.

2 Faire un rappel de l'épisode 2 et présenter le nouvel objectif ⏱ 5 min

Ce temps, très bref, permet de remobiliser rapidement les acquis de l'épisode précédent et de présenter l'objectif du travail à venir.

• **Rebrasser** les connaissances de l'épisode 2 en demandant :

Qu'avez-vous retenu sur le parcours de lecture ?

Relire la trace écrite et/ou l'engrenage de synthèse (voir p. 43).
Faire le lien entre ce rappel et le défi proposé à la fin de l'épisode 2 (« En sciences, histoire ou géographie…), si votre classe l'a effectué.
Reformuler éventuellement « lire comme un roman » par « lire tout, de haut en bas et de gauche à droite ».

• **Présenter l'objectif** de ce troisième épisode : écrire la réponse à une question en copiant-collant ou en reformulant.

Maintenant que vous savez lire des articles d'encyclopédie, vous allez apprendre à vous en servir pour répondre à des questions de compréhension.

Préciser que cela leur servira en sciences, en histoire, en géographie…

3 Rechercher des informations et produire une réponse en copier-coller ⏱ 40 min

Les élèves doivent réinvestir leurs stratégies de lecture pour répondre à une question simple de compréhension. Pour rédiger leur réponse, ils devront copier-coller (= reproduire à l'identique) des éléments du texte.

• **Écrire** la question suivante au tableau :
Que se passe-t-il dans notre corps lorsque nous avons une phobie ?
Inviter les élèves à lire la question en précisant que vous allez la masquer. La faire disparaitre à l'aide d'un cache et leur demander de la reformuler.

Que cherchons-nous ?

Afficher la **pièce de puzzle** « 1. Ce que je cherche ».

Cet affichage permet de conserver l'objet de la recherche en fil rouge.

Vérifier en faisant réapparaitre la question.

Alors, d'après vous, que se passe-t-il lorsque nous avons une phobie ? Chuchotez la réponse à l'oreille de votre voisin.

Interroger très brièvement les élèves à l'oral après le chuchotage.

• **Afficher le documentaire** sur les émotions et **dire** :

Vous allez chercher la réponse à cette question dans ce documentaire en faisant votre parcours de lecture. Attention ! vous ne devez pas tout lire. Vous allez commencer par sélectionner le bloc où vous pensez trouver la réponse. Vous noterez le sous-titre de ce bloc sur votre ardoise (ou cahier d'essais).

41 % des élèves français sont sollicités au moins une fois par semaine pour « comparer ce qu'ils ont lu à des faits qu'ils ont vécu », contre 82 % des autres élèves européens, qui obtiennent de meilleurs résultats que les élèves français. (DEPP, 2017). Nous avons donc intégré cette pratique efficace à notre démarche.

Module 1 · Apprendre à lire des articles d'encyclopédie

Épisode 3 | Écrire une réponse en utilisant du copier-coller et en reformulant

LES ÉMOTIONS

Le cerveau non seulement crée nos pensées et nos souvenirs, il produit de puissantes émotions. Les plus fondamentales, comme la peur, la colère et le dégout, découlent de l'instinct de survie, qui nous protège du danger. Les émotions n'affectent pas que l'esprit : leur effet s'exerce sur le corps tout entier.

Les émotions primaires

Les psychologues définissent six émotions primaires, correspondant à une expression faciale caractéristique. Ces mimiques sont universelles : un sourire a la même signification pour un habitant du Sahara ou de la forêt amazonienne. Les émotions secondaires plus complexes, incluent la culpabilité, la honte, la fierté et la jalousie.

Quand on a peur...

– On sursaute. Sursauter est un instinct de survie, face à un évènement jugé dangereux. Tout le monde sursaute et pas seulement les peureux. Sursauter est un réflexe tout à fait naturel.

– Les cheveux se dressent sur la tête. Cela s'explique par l'action d'un muscle, situé à la base des poils, appelé « muscle horripilateur » qui réagit au moindre danger en se hérissant.

Le détecteur de mensonge

Sous l'effet des émotions éprouvées quand nous mentons, le rythme cardiaque s'accélère et les mains transpirent légèrement. Le détecteur de mensonge surveille ce type de réaction physique, mais les bons menteurs restent calmes et peuvent tromper la machine.

Les phobies

Une araignée inoffensive peut provoquer une terreur incontrôlable chez certaines personnes. Avant qu'elles aient le temps de réfléchir, leur cerveau a déclenché l'alerte rouge : le cœur bat très vite, une sensation de nausée apparait.

Ce type de réaction exagérée définit la phobie. Outre les animaux, l'altitude, un vol en avion ou la vue du sang peuvent être d'autres déclencheurs.

Encyclopédie du corps humain, traduit par Manuel Boghossian et Sylvie Deraime, © Éditions Gallimard Jeunesse, d'après *Human Body : a children's encyclopedia* © Dorling Kindersley / Extrait de : *Le Livre des vrai faux du corps humain*, Gérard Dhôtel et Benoît Perroud © Editions de La Martinière Jeunesse, 2015.

• Distribuer un exemplaire du documentaire à chaque élève et laisser un temps de travail individuel d'environ 5 minutes.

• Faire lever les ardoises et inviter les élèves à justifier leur réponse. Entourer le bloc pertinent pour répondre à la question (« Les phobies »).

Avant de valider le choix du bloc, des co-concepteurs ont choisi de laisser un bref temps de mutualisation. Les élèves comparent leur réponse sur ardoise (le sous-titre du bloc) avec celle de leur voisin ou de leur îlot puis ils décident d'une réponse collective.

• **Afficher** ce bloc sur les phobies avec la phrase qu'un élève virtuel a rédigée pour répondre à la question.

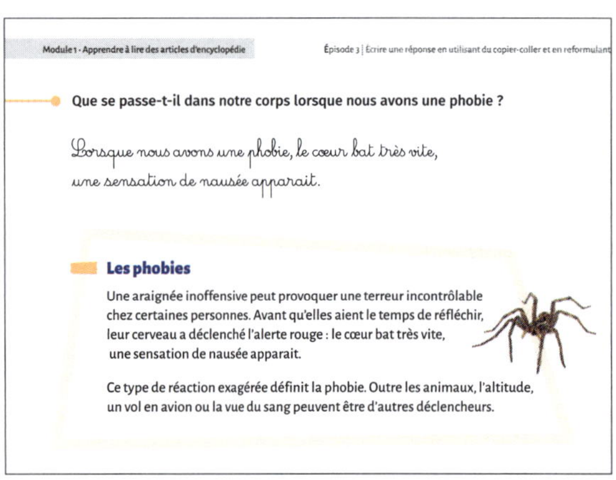

Module 1 · Apprendre à lire des articles d'encyclopédie

Épisode 3 | Écrire une réponse en utilisant du copier-coller et en reformulant

Que se passe-t-il dans notre corps lorsque nous avons une phobie ?

Lorsque nous avons une phobie, le cœur bat très vite, une sensation de nausée apparait.

Les phobies

Une araignée inoffensive peut provoquer une terreur incontrôlable chez certaines personnes. Avant qu'elles aient le temps de réfléchir, leur cerveau a déclenché l'alerte rouge : le cœur bat très vite, une sensation de nausée apparait.

Ce type de réaction exagérée définit la phobie. Outre les animaux, l'altitude, un vol en avion ou la vue du sang peuvent être d'autres déclencheurs.

Procéder à l'analyse de cette réponse afin de donner à voir la stratégie utilisée.

Observons la réponse d'un élève. Qu'a-t-il fait pour répondre ?

• Laisser les élèves répondre puis mettre en évidence la stratégie adoptée par l'élève virtuel. Entourer le groupe de mots identiques entre la question et la réponse de l'élève (« Lorsque nous avons une phobie »), puis entourer les éléments de réponse pris dans le texte (« le cœur bat très vite, une sensation de nausée apparait »).

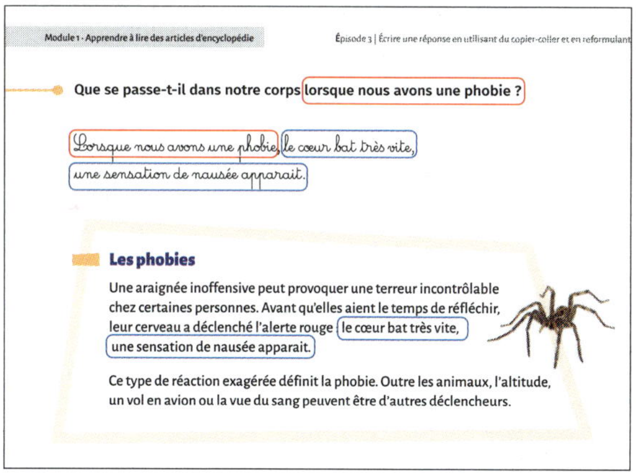
Module 1 · Apprendre à lire des articles d'encyclopédie — Épisode 3 | Écrire une réponse en utilisant du copier-coller et en reformulant

Que se passe-t-il dans notre corps lorsque nous avons une phobie ?

Lorsque nous avons une phobie, le cœur bat très vite, une sensation de nausée apparait.

Les phobies

Une araignée inoffensive peut provoquer une terreur incontrôlable chez certaines personnes. Avant qu'elles aient le temps de réfléchir, leur cerveau a déclenché l'alerte rouge : le cœur bat très vite, une sensation de nausée apparait.

Ce type de réaction exagérée définit la phobie. Outre les animaux, l'altitude, un vol en avion ou la vue du sang peuvent être d'autres déclencheurs.

• Présenter la **deuxième pièce de puzzle** « 2. Ce que je sélectionne ».

Préciser que, pour répondre à la question, l'élève a « copié-collé » les éléments sélectionnés dans le texte.

Ce qui est sélectionné dans le texte est recopié à l'identique dans la réponse. Cela s'appelle du **copier-coller**.

• **Proposer** une autre question que les élèves vont traiter avec davantage d'autonomie.

Vous allez à présent répondre seuls à une nouvelle question sur ce documentaire.

L'écrire au tableau :

Que se passe-t-il dans notre corps lorsque nous mentons ?

Inviter les élèves à la lire en précisant que vous allez la masquer. La faire disparaitre à l'aide d'un cache et leur demander de la reformuler.

Que cherchons-nous ?

Vérifier en faisant réapparaitre la question.

Afficher de nouveau la **pièce de puzzle** « Ce que je cherche » ; conserver cette question comme fil rouge.

• **Distribuer** la question sur le documentaire à chaque élève. Lire/faire lire la consigne et procéder à son appropriation selon vos habitudes de classe.

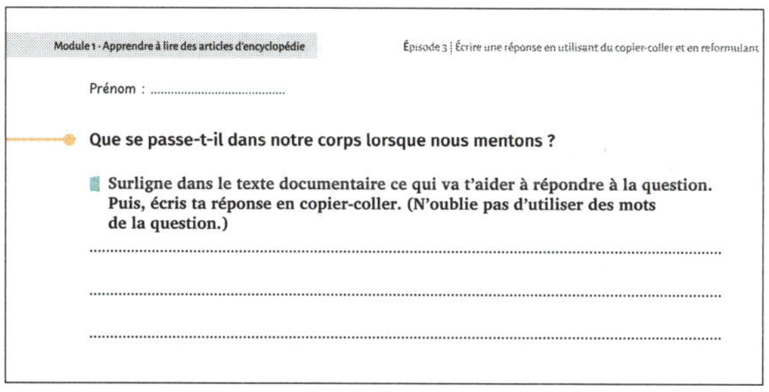
Module 1 · Apprendre à lire des articles d'encyclopédie — Épisode 3 | Écrire une réponse en utilisant du copier-coller et en reformulant

Prénom : ....

Que se passe-t-il dans notre corps lorsque nous mentons ?

Surligne dans le texte documentaire ce qui va t'aider à répondre à la question. Puis, écris ta réponse en copier-coller. (N'oublie pas d'utiliser des mots de la question.)

....

....

....

Nous avons choisi de faire raisonner les élèves sur la réponse d'un élève virtuel afin de mobiliser leur attention sur les éléments les plus significatifs sans les surcharger avec des préoccupations telles que « Ai-je fait juste ? », qui les éloigneraient de l'objectif. En cela, nous suivons les préconisations d'André Tricot (1998) sur la charge cognitive.

Nous considérons comme identiques des mots pouvant varier à cause d'un accord ou d'un temps différent.

Vérifier que les élèves ont bien compris qu'ils ont trois tâches à effectuer : sélectionner le bloc dans lequel ils pensent trouver la réponse à la question, entourer les éléments utiles pour y répondre ET écrire une réponse.

Leur laisser une dizaine de minutes pour **réaliser l'exercice**.

• Demander aux élèves de **vérifier** si leur réponse est compréhensible :

Lisez votre réponse à votre voisin pour vérifier qu'il la comprend bien.

Les inviter à modifier leur phrase si nécessaire.

Cette anticipation des tâches est importante car de nombreux élèves sont tentés de répondre sans se référer au texte. C'est ce qui leur fait faire le plus d'erreurs. Même s'ils pensent savoir la réponse, les lecteurs efficaces vérifient dans le texte.

Le risque du copier-coller est d'obtenir une phrase incompréhensible. Cette phase de feed-back est cruciale.

• Procéder ensuite à la correction. Afficher le documentaire « les émotions » et **identifier le bloc de sens** utile pour répondre à la question :

Où se trouve la réponse ?

Laisser les élèves faire des propositions puis **zoomer** sur le bloc « détecteur de mensonge ».

Poursuivre la correction en faisant **lire quelques réponses**.

Mettre en évidence les copier-coller dans la question et dans le texte en les entourant.

Réponse attendue : *Lorsque nous mentons, le rythme cardiaque s'accélère et les mains transpirent légèrement.*

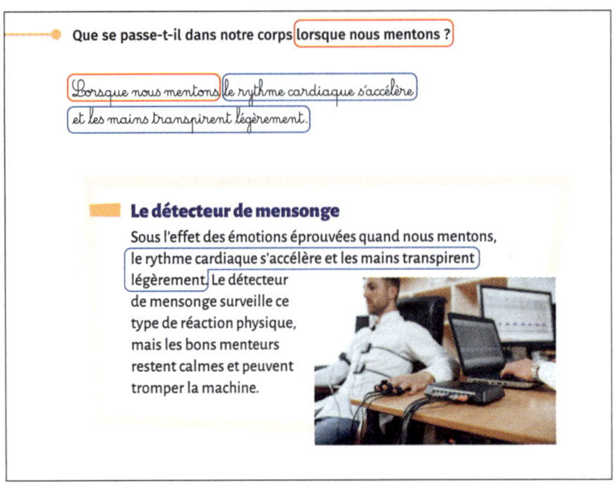

• Si certains élèves proposent des reformulations, les noter pour les traiter dans l'étape suivante : souligner ce qui est dit autrement (rythme cardiaque / le cœur, par exemple).

4 Produire une réponse en reformulant ⏱ 15 min

Les élèves découvrent une autre manière de répondre à une question de compréhension : en reformulant (= dire la même chose mais avec des mots différents).

• **Annoncer** aux élèves qu'ils vont découvrir une autre manière de répondre à une question.

Écrire la question suivante au tableau et présenter la pièce de puzzle « 1. Ce que je cherche » :

Comment font les cheveux pour se dresser sur notre tête lorsque nous avons peur ?

Préciser que seule la racine du cheveu se lève !

• Puis **dire** :

Observons la réponse d'un élève.

Afficher la réponse de l'élève virtuel : *Lorsque nous avons peur, un muscle à la racine des cheveux les fait se lever*, avec le bloc du documentaire dans lequel il a trouvé la réponse.

Nous avons fait le choix de donner le bloc pertinent, sans le faire identifier par les élèves, pour centrer leur attention exclusivement sur l'objectif de cette étape : produire une réponse en reformulant.

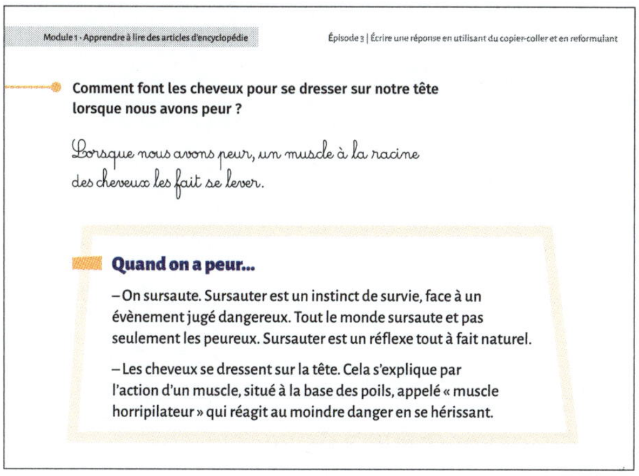

• **Poursuivre** en présentant la pièce de puzzle « 2. Ce que je sélectionne » et demander d'identifier la procédure utilisée par cet élève pour répondre à la question :

Alors, comment a-t-il fait pour répondre ?

Entourer les mots identiques : « lorsque nous avons peur », « un muscle » et souligner ceux qui sont reformulés : « à la racine des cheveux » / « à la base des poils », « se lever » / « en se hérissant ».

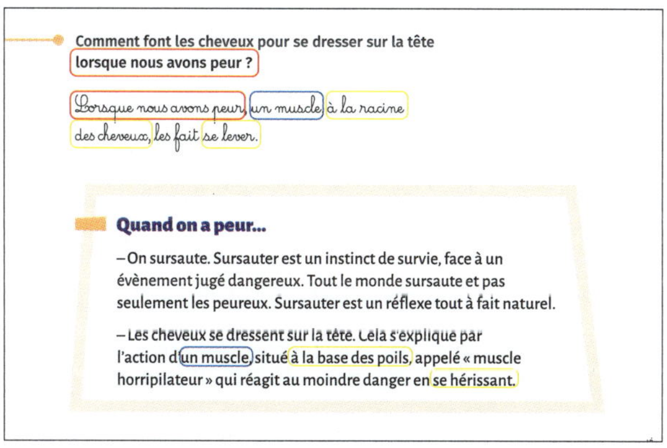

• **Demander** :

Est-ce que la réponse de cet élève est seulement un copier-coller d'une phrase du texte ?

Valider les réponses négatives :

Il y a quelques mots identiques mais pas toute sa phrase-réponse. Ce n'est donc pas uniquement du copier-coller.

Expliquer :

Cet élève a dit la même chose mais avec des mots différents : cela s'appelle **reformuler**.

Je prends, j'échange. (Sofiane, CM2)

Préciser que pour reformuler, on utilise souvent des synonymes ; par exemple : se lever / se hérisser.

• Annoncer aux élèves que, lors de la prochaine séance, ils s'entraineront à reformuler, parce que c'est un exercice difficile.

Préciser éventuellement qu'au collège, il y a très peu de réponses où l'on peut répondre par du copier-coller. Il faut surtout reformuler ce qu'on a compris.

5 Synthétiser ⏱ 10 min

Les élèves sont amenés à décontextualiser ce qu'ils ont compris sur le copier-coller et la reformulation.

• **Afficher le quiz** pour faire un bilan sur les acquis des élèves.

Module 1 · Apprendre à lire des articles d'encyclopédie — Épisode 3 | Écrire une réponse en utilisant du copier-coller et en reformulant

Prénom : ....

Qu'as-tu appris lors de l'épisode 3 ?

Coche les bonnes réponses.

1) Je fais du « **copier-coller** » quand :
- ☐ j'invente des mots.
- ☐ je me sers de mots du texte pour les écrire dans ma réponse.
- ☐ je me sers de mots de la question pour les écrire dans ma réponse

2) Je **reformule** quand :
- ☐ j'utilise des mots qui veulent dire la même chose que dans le texte.
- ☐ j'utilise des mots identiques au texte.
- ☐ je peux remplacer par plusieurs mots.

Lire les phrases et les différentes propositions, puis **distribuer** ce quiz à chaque élève. Laisser un bref temps de travail individuel.

• **Corriger** en cochant les bonnes réponses sur le document affiché ou à l'aide du diaporama (cliquer pour faire apparaitre les coches). Valider ou invalider les propositions des élèves.

Les enseignants français sont moins nombreux que leurs collègues européens à proposer à leurs élèves des quiz pour tester leurs connaissances. C'est ici l'occasion d'apprendre à les traiter.

Qu'as-tu appris lors de l'épisode 3 ?

Coche les bonnes réponses.

1) Je fais du « **copier-coller** » quand :
- ☐ j'invente des mots.
- ☑ je me sers de mots du texte pour les écrire dans ma réponse.
- ☑ je me sers de mots de la question pour les écrire dans ma réponse

2) Je **reformule** quand :
- ☑ j'utilise des mots qui veulent dire la même chose que dans le texte.
- ☐ j'utilise des mots identiques au texte.
- ☑ je peux remplacer par plusieurs mots.

• **Demander** :

Qu'avez-vous appris pour répondre à une question ?

Faire émerger la synthèse suivante :

Aujourd'hui, nous avons appris que...

Il faut savoir ce que l'on cherche pour pouvoir sélectionner les informations utiles et répondre à la question en :
- **faisant du copier-coller**, c'est-à-dire recopier des mots du texte et de la question.
- **reformulant**, c'est-à-dire écrire la même chose mais avec des mots différents.

Il faut toujours se relire pour veiller à ce que la réponse soit compréhensible.

• Afficher la synthèse sous forme d'engrenages :

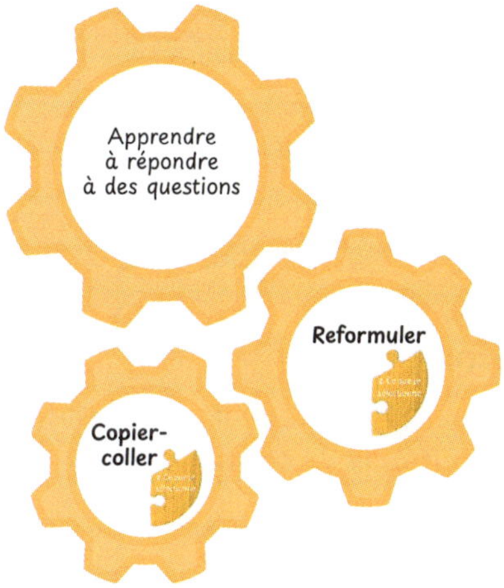

Ou faire écrire le texte suivant :

Il existe deux manières de répondre à des questions : copier-coller (recopier à l'identique) ou reformuler (dire avec ses propres mots).

DÉFI ! En sciences, histoire ou géographie, vous répondrez à une question par du copier-coller et à une autre en reformulant.

épisode 4

Répondre à des questions et justifier sa réponse

Ce que vos élèves devront avoir retenu à la fin de l'étape :
Pour justifier une réponse, il faut :
– toujours savoir ce qu'on cherche ;
– sélectionner ce qui est utile, le reformuler ou faire du copier-coller ;
– utiliser des mots de liaison ;
– vérifier que la réponse a du sens et sera comprise par celui qui va la lire.

Durée : 1 h 40, à organiser en plusieurs séances.

Matériel
Diaporama « Justifier sa réponse » (https://urlz.fr/qMuq).
Une ardoise ou un cahier d'essais par élève.
- Étape 4 : Les pièces du puzzle de la démarche.
  Le documentaire « Les vrai faux du cerveau » (format collectif + individuel).
  Un questionnaire (format individuel).
- Étape 5 : Le documentaire « Les vrai faux du cerveau » (format collectif + individuel).
  Le questionnaire complété par chaque élève.
- Étape 6 : Le quiz pour faire le bilan (format collectif + individuel).
  L'engrenage de synthèse.
- Étape 7 : L'auto-évaluation de fin de module (format individuel).
  Une fiche d'entrainement (format individuel).
- Prolongement : L'image pour réviser le vocabulaire.

Nous conseillons de mener cet épisode en deux séances : tout d'abord, les étapes 1 à 4 pour faire le rappel, présenter l'objectif et apprendre à répondre à une question en justifiant ; puis les étapes 5 à 7 pour la correction collective, la synthèse et le bilan.

1 Faire un rappel de l'épisode 3 ⏱ 5 min

• **Rebrasser** les connaissances de l'épisode précédent en demandant :

Qu'avez-vous retenu pour répondre à une question ?

Relire la trace écrite et/ou les engrenages de synthèse (voir p. 51).
Faire le lien entre ce rappel et le défi proposé à la fin de l'épisode 3, si votre classe l'a effectué.

2 Réinvestir le copier-coller et la reformulation ⏱ 10 min

Les élèves ont appris à répondre à des questions. Désormais, pour réinvestir le copier-coller et la reformulation, ils vont faire le chemin inverse : à partir de la réponse, ils devront trouver la question.

• **Projeter ou écrire** la phrase suivante au tableau et la **lire** :
Nous bâillons environ 250 000 fois.
Dire :

Voici une réponse. Quelle était la question ?

Laisser un temps de réflexion individuelle et demander aux élèves de **rédiger la question** correspondante à cette réponse, sur leur ardoise ou cahier d'essais.
Ajouter un indice en entourant « Nous bâillons » et « fois ». Préciser que ces éléments doivent se trouver en copier-coller dans la question et, si nécessaire, inviter les élèves à rectifier leur proposition.
• **Recueillir** quelques réponses. Chaque fois, vérifier avec le reste de la classe s'il y a bien les mots entourés dans la question et si elle est compréhensible.
Correction possible : *Combien de fois bâillons-nous dans une vie ?*
• **Refaire cette activité avec** l'une des réponses suivantes, au choix (la difficulté va crescendo). Procéder de la même manière que précédemment : 1) recherche individuelle de la question sur l'ardoise ; 2) correction.
L'endormissement du cerveau provoque le bâillement.
Entourer « provoque ».
Correction possible : *Qu'est-ce qui provoque le bâillement ?*
C'est au 19e siècle que les premières observations sur le cerveau ont eu lieu.
Entourer « ont eu lieu » et souligner « observations ».
Correction possible : *Quand ont eu lieu les premières recherches sur le cerveau ?*

Veiller à ce que les élèves utilisent des mots interrogatifs pour débuter la question.

3 Présenter le nouvel objectif ⏱ 5 min

• **Présenter** l'objectif de l'épisode 4 :

Aujourd'hui, nous allons nous entrainer à écrire des justifications en utilisant des éléments de la question ET du texte.
Nous allons tout d'abord travailler ensemble, puis par deux et enfin seuls.

Préciser aux élèves qu'ils justifient très souvent à l'oral (pour valider/invalider la réponse d'un camarade, par exemple).

Que ce soit dans les manuels ou dans les évaluations internationales du type PIRLS (2021), les élèves sont fréquemment amenés à devoir justifier leurs réponses : "Pourquoi... ?", "Explique...". Or, les enseignants français sont moins nombreux que leurs collègues européens à proposer à leurs élèves de manière hebdomadaire des activités où ils apprennent à expliquer ou argumenter pour montrer ce qu'ils ont compris. (DEPP, 2023)

4 Répondre à une question en justifiant sa réponse ⏱ 40 min

Les élèves sont amenés à valider-invalider les propositions d'élèves virtuels, puis à justifier leur réponse en se référant au texte.
Lors de cette démarche de résolution guidée, les élèves s'entrainent collectivement de manière très guidée puis, par deux, de manière plus autonome et enfin individuellement sans aucun guidage.

- **Présenter** la situation :

Un élève (virtuel) affirme : « Tous les animaux bâillent. »
Un autre répond : « C'est faux parce que la girafe est un animal qui ne bâille pas. »
Vrai ? Faux ? Qu'en pensez-vous ?
Chuchotez votre réponse à l'oreille de votre voisin.

Interroger très brièvement les élèves à l'oral après le chuchotage.

Chuchoter à l'oreille de son voisin permet à tous les élèves de prendre la parole et ainsi de mobiliser toute la classe.

- **Écrire** au tableau :

« Tous les animaux bâillent. » Vrai ? Faux ?

Afficher la pièce de puzzle « 1. Ce que je cherche ».

Expliquer :

Nous allons vérifier si cette affirmation est vraie ou fausse grâce à un texte documentaire. Il faut toujours vérifier, même lorsqu'on pense savoir la réponse. Vérifier est indispensable !

- **Afficher** le documentaire et demander aux élèves d'**identifier le bloc** de sens qui permettra de valider ou invalider l'affirmation.

Dans quel bloc allons-nous trouver la réponse ?

Les capacités de prédictions sont indispensables pour que le lecteur puisse ensuite être autonome.

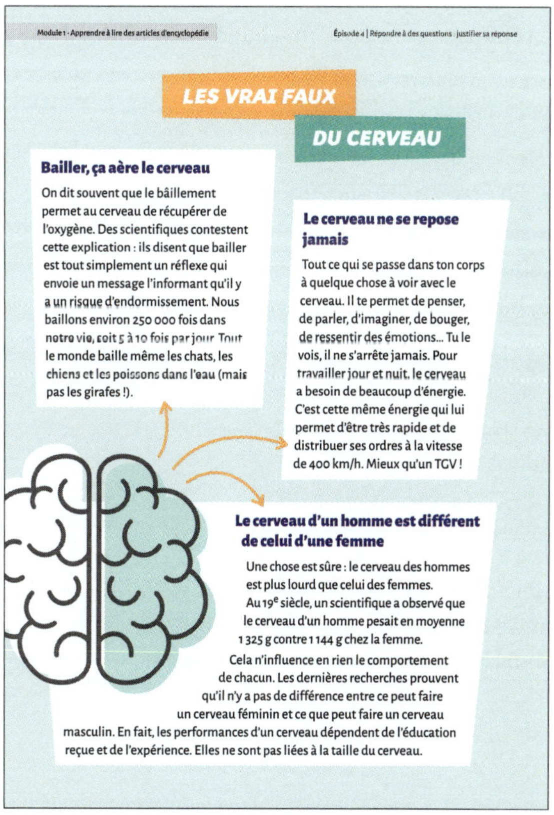

Module 1 · Apprendre à lire des articles d'encyclopédie — Épisode 4 | Répondre à des questions : justifier sa réponse

LES VRAI FAUX DU CERVEAU

Bailler, ça aère le cerveau

On dit souvent que le bâillement permet au cerveau de récupérer de l'oxygène. Des scientifiques contestent cette explication : ils disent que bailler est tout simplement un réflexe qui envoie un message l'informant qu'il y a un risque d'endormissement. Nous baillons environ 250 000 fois dans notre vie, soit 5 à 10 fois par jour. Tout le monde baille même les chats, les chiens et les poissons dans l'eau (mais pas les girafes !).

Le cerveau ne se repose jamais

Tout ce qui se passe dans ton corps à quelque chose à voir avec le cerveau. Il te permet de penser, de parler, d'imaginer, de bouger, de ressentir des émotions… Tu le vois, il ne s'arrête jamais. Pour travailler jour et nuit, le cerveau a besoin de beaucoup d'énergie. C'est cette même énergie qui lui permet d'être très rapide et de distribuer ses ordres à la vitesse de 400 km/h. Mieux qu'un TGV !

Le cerveau d'un homme est différent de celui d'une femme

Une chose est sûre : le cerveau des hommes est plus lourd que celui des femmes. Au 19e siècle, un scientifique a observé que le cerveau d'un homme pesait en moyenne 1 325 g contre 1 144 g chez la femme. Cela n'influence en rien le comportement de chacun. Les dernières recherches prouvent qu'il n'y a pas de différence entre ce peut faire un cerveau féminin et ce que peut faire un cerveau masculin. En fait, les performances d'un cerveau dépendent de l'éducation reçue et de l'expérience. Elles ne sont pas liées à la taille du cerveau.

D'après l'extrait de : *Le Livre des vrai faux du corps humain*, Gérard Dhôtel et Benoît Perroud © Editions de La Martinière Jeunesse, 2015.

Collectivement, choisir le paragraphe dont le sous-titre est : « Bâiller, ça aère le cerveau » (car ce sont des informations sur le bâillement qui sont recherchées).

• **Distribuer** un exemplaire du documentaire à chaque élève en donnant les consignes de lecture :

Je vais vous distribuer un exemplaire du documentaire. Vous devrez chercher dans le bloc « Bâiller, ça aère le cerveau » si l'élève a raison ou tort.

Laisser un temps de lecture silencieuse.

• **Afficher** la pièce de puzzle « 2. Ce que je sélectionne » et demander aux élèves de **cibler les informations utiles** :

Surlignez la partie du texte qui vous est utile pour valider ou invalider l'affirmation de l'élève.

Laisser un temps de travail individuel puis lors de la mise en commun, **surligner** la dernière phrase : « Tout le monde bâille, même les chats, les chiens et les poissons dans l'eau (mais pas les girafes !) »

Après la phase individuelle, de nombreux co-concepteurs ont ajouté un bref temps où les élèves comparent leur travail avec leur binôme ou leur groupe afin de produire une réponse collective.

Bailler, ça aère le cerveau

On dit souvent que le bâillement permet au cerveau de récupérer de l'oxygène. Des scientifiques contestent cette explication : ils disent que bailler est tout simplement un réflexe qui envoie un message l'informant qu'il y a un risque d'endormissement. Nous baillons environ 250 000 fois dans notre vie, soit 5 à 10 fois par jour. Tout le monde baille même les chats, les chiens et les poissons dans l'eau (mais pas les girafes !).

• Demander ensuite aux élèves de **formuler une réponse orale** pour invalider l'affirmation de l'élève :

L'oralisation, pour préparer une réponse écrite, est **cruciale**.

Qu'allez-vous répondre à l'élève qui dit que tous les animaux bâillent ? Chuchotez votre réponse à l'oreille de votre voisin.

Faire verbaliser des réponses après le chuchotage. En écrire quelques-unes au tableau pour les faire valider, invalider, compléter par le reste de la classe.

Les réponses écrites au tableau permettront ensuite d'entourer ce qui a été copié-collé et de souligner ce qui a été reformulé.

• **Écrire** la réponse de l'élève virtuel énoncée au début de la séance :

C'est faux parce que la girafe est un animal qui ne bâille pas.

Analyser collectivement cette réponse :

Que remarquez-vous dans cette réponse ?

Relever les mots copiés-collés (« girafe » « bâille » « pas ») en les entourant.

Attirer l'attention des élèves sur une autre particularité :

Pour répondre, cet élève a utilisé le copier-coller mais il a aussi ajouté un mot de liaison. Lequel ?

Faire identifier le **mot de liaison** par les élèves : « parce que » et le surligner. **Comparer** avec leurs réponses. Préciser que les mots de liaison « parce que », « car », « puisque »... sont très souvent utilisés dans les justifications car ils expriment la cause (ici, la raison pour laquelle l'affirmation est fausse).

• **Présenter** la suite du travail :

Nous allons nous entrainer à écrire des justifications par deux, puis seuls.

Afficher le questionnaire sur le documentaire « Les vrai faux du cerveau » ; si possible, ne montrer que la consigne et la première question.

Lire/faire lire la consigne :

Module 1 · Apprendre à lire des articles d'encyclopédie — Épisode 4 | Répondre à des questions : justifier sa réponse

Prénom : ....

Chaque affirmation est-elle juste ou fausse ?
Justifie ta réponse en te servant du documentaire « Les vrai faux du cerveau ».

1) Le cerveau d'un homme est plus lourd que celui d'une femme.

☐ vrai
☐ faux

Justifie. ....

....

....

....

2) Dans le cerveau, les informations vont à la vitesse d'une voiture.

☐ vrai
☐ faux

Justifie. ....

....

....

....

3) Le cerveau d'une fille a plus de facilités à apprendre que celui d'un garçon.

☐ vrai
☐ faux

Justifie. ....

....

....

....

S'assurer de la compréhension de la consigne et expliquer qu'une justification ne peut pas commencer par « parce que » ou « car ».

Vous ne devez pas commencer votre phrase par « parce que ».

Explicitant éventuellement « justifier » : trouver des preuves.

Distribuer un questionnaire par élève en précisant les modalités de travail : ils répondent en binômes à la première question, individuellement à la deuxième et seuls les élèves les plus rapides répondent à la troisième.
Demander aux élèves les plus en difficulté de **surligner** obligatoirement dans le texte ce qui est utile pour répondre aux questions.
Laisser 10 minutes de travail écrit.

5 Corriger les justifications ⏱ 20 min

• **Afficher** le documentaire « Les vrai faux du cerveau » et corriger le questionnaire.
Lire la première affirmation :
« Le cerveau d'un homme est plus lourd que celui d'une femme. »
Demander aux élèves quel bloc a été utile pour valider ou invalider cette affirmation.
Réponse attendue : le bloc « Le cerveau d'un homme est différent de celui d'une femme ».
Inviter ensuite les élèves à **oraliser** leur réponse afin qu'ils se rendent compte de sa cohérence :

Lisez votre justification à votre voisin. La comprend-il ?

Le travail en binômes permet à tous les élèves d'obtenir un feed-back. *Cette activité est très valorisée par les co-concepteurs.*

Interroger des élèves pour s'assurer du sens de leur justification.
Noter des réponses au tableau pour mettre en évidence ce qui a été copié-collé (entourer « le cerveau d'un homme est plus lourd que celui d'une femme », « 1 325 g », « 1 144 g ») ou reformulé (à souligner). Faire **valider, invalider, compléter** ces réponses par le reste de la classe.
Conclure que cette affirmation est **vraie** car le texte mentionne que « le cerveau des hommes est plus lourd que celui des femmes » et que « le cerveau d'un homme pèse en moyenne 1 325 g contre 1 144 g chez la femme. »

Réponse attendue : Vrai. Le cerveau d'un homme est plus lourd que celui d'une femme car il pèse 1 325 g contre 1 144 g chez la femme.
Relever l'usage des mots de liaison du type « car », « parce que », « puisque » ; au besoin les ajouter à la réponse de certains élèves.

• **Procéder à la correction** de la deuxième affirmation :
« Dans le cerveau, les informations vont à la vitesse d'une voiture. »
Suivre la même démarche : choisir le bloc où trouver la réponse ; interroger des élèves et noter leur justification au tableau ; mettre en évidence ce qui a été copié-collé ou reformulé ; veiller à l'usage de mots de liaison traduisant la causalité ; faire valider ou invalider, et compléter.
Conclure que cette affirmation est fausse car le texte mentionne que le cerveau est « très rapide » et qu'il « distribue ses ordres à la vitesse de 400 km/h. Mieux qu'un TGV ! ».
Réponse attendue : Faux. Dans le cerveau, les informations dépassent la vitesse d'une voiture puisqu'elles vont plus vite qu'un TGV (400 km/h).

• **Corriger** la troisième affirmation. Écrire au tableau la réponse attendue en la présentant comme celle d'un élève virtuel :
Faux. Un cerveau féminin n'a pas plus de facilités à apprendre qu'un cerveau masculin car ils ont les mêmes capacités.
La faire **lire** puis **analyser**. Identifier le paragraphe où trouver la réponse : « Le cerveau d'un homme est différent de celui d'une femme ». Entourer les mots copiés-collés (« un cerveau », « plus de facilités à apprendre »), souligner les mots reformulés (« féminin » / « fille », « masculin » / « garçon », « capacités » / « ce que peut faire ») et surligner le mot de liaison « car ».

Cette réponse attendue peut être donnée aux élèves les plus en difficulté comme une réponse d'un élève « virtuel » afin qu'ils la lisent et l'analysent. Cela leur permet de se décentrer, de focaliser leur attention sur les procédures et non plus sur la seule préoccupation d'avoir « juste ou faux ».

Peu d'élèves ont le temps de traiter cette troisième affirmation. Travailler à partir de la réponse d'un élève virtuel permet de mettre tous les élèves à égalité, de « bien » raisonner et d'investir la stratégie avec toute la classe.

6 Synthétiser 10 min

• Afficher le quiz pour faire un bilan sur les acquis des élèves. En distribuer un à chaque élève.
Après lecture collective des différentes propositions, **laisser** un bref temps de travail individuel.
• **Corriger** en cochant les bonnes réponses sur le document affiché ou à l'aide du diaporama (cliquer pour faire apparaitre les coches). Valider ou invalider les propositions des élèves.

Qu'as-tu appris lors de l'épisode 4 ?

Coche les bonnes réponses.

Pour justifier ma réponse...
- [x] je sélectionne dans le texte uniquement ce qui est utile et je le reformule ou je fais du copier-coller.
- [ ] je réponds avec mes connaissances sans chercher à les vérifier dans le texte.
- [ ] je recopie tout le paragraphe en copier-coller.
- [x] j'utilise des mots de liaison (sans commencer ma phrase par « parce que ») et je vérifie que ma justification a du sens.

• **Demander** :
Qu'avez-vous appris pour justifier une question ?
Faire émerger la synthèse suivante :
Aujourd'hui, nous avons appris que...

Pour justifier une réponse, il faut :
- savoir ce qu'on cherche ;
- sélectionner ce qui est utile, le copier-coller ou le reformuler ;
- utiliser des mots de liaison (sans commencer la phrase par « parce que ») ;
- vérifier que la réponse a du sens et qu'elle sera comprise par celui qui va la lire.

• Afficher la synthèse sous forme d'engrenage :

Cet engrenage s'ajoute aux trois engrenages de l'épisode 3 (voir p. 51).

Ou faire écrire le texte suivant :

Pour justifier une réponse, j'utilise **des mots de liaison** (parce que, car, puisque…) sans commencer ma phrase par « parce que ». Je vérifie que ma justification a du sens.

7 S'auto-évaluer en fin de module ⏱ 10 min

L'objectif de ce temps d'auto-évaluation est de faire un point sur le degré de maitrise perçu par les élèves sur l'ensemble des compétences travaillées dans le module 1. Il permet aussi, pour les élèves les plus fragiles, de rappeler qu'on ne leur enseigne pas des connaissances en sciences mais bien des stratégies en lecture documentaire.

• **Distribuer** la fiche d'auto-évaluation à chaque élève et la faire **compléter** de manière autonome.

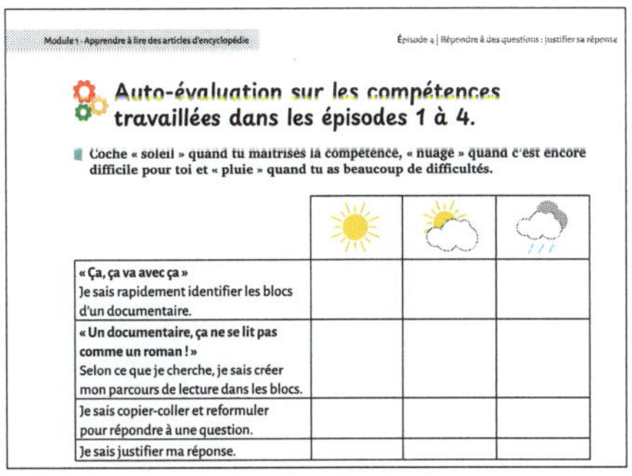

Module 1 - Apprendre à lire des articles d'encyclopédie — Épisode 4 | Répondre à des questions : justifier sa réponse

Auto-évaluation sur les compétences travaillées dans les épisodes 1 à 4.

Coche « soleil » quand tu maitrises la compétence, « nuage » quand c'est encore difficile pour toi et « pluie » quand tu as beaucoup de difficultés.

	soleil	nuage	pluie
« Ça, ça va avec ça » Je sais rapidement identifier les blocs d'un documentaire.			
« Un documentaire, ça ne se lit pas comme un roman ! » Selon ce que je cherche, je sais créer mon parcours de lecture dans les blocs.			
Je sais copier-coller et reformuler pour répondre à une question.			
Je sais justifier ma réponse.			

= acquis

= en cours d'acquisition

= non acquis

Les items 3 et 4 seront certainement mitigés. Ce n'est pas un problème : le travail sur copier-coller, reformuler et justifier sa réponse se poursuivra dans les modules suivants. Toutefois, si vous le souhaitez, vous pouvez proposer une activité complémentaire ayant pour cible ces objectifs.

• Procéder à un **rapide bilan** : nombre de soleil, nuage, pluie pour chaque item. Demander aux élèves de lever la main avec un signe fonction de leur réponse :

Si vous pensez savoir et que vous avez coché « soleil », levez la main doigts écartés.

Si vous n'êtes pas vraiment surs de savoir et que vous avez coché « nuage », levez votre poing.

Si vous pensez ne pas savoir et que vous avez coché « pluie », laissez tomber votre main.

1, 2, 3, levez !

Observer les mains des élèves et proposer à ceux qui en ont besoin une fiche d'entrainement pour consolider les troisième et quatrième items – notons que les items 1 et 2 seront nécessairement sollicités dans ces exercices.

Des co-concepteurs ont choisi de proposer cette activité complémentaire en guise d'évaluation car elle mobilise l'ensemble des stratégies travaillées dans le module.

• **Conclure** sur les compétences acquises lors de ce module et sur le travail à venir :

Désormais, vous savez lire des articles d'encyclopédie et répondre à des questions portant sur un texte documentaire.

Dans le prochain module, nous apprendrons à lire des articles encyclopédiques sur internet, comme ceux du site Wikipédia. Pour cela, nous travaillerons sur les planètes et les astronautes.

Prolongement

• **Annoncer** aux élèves qu'ils vont réviser les mots découverts dans ce premier module. Afficher l'image suivante :

Demander aux élèves d'identifier les 6 mots appris : la logique, les neurones, l'hémisphère cérébral, une phobie, la spatialisation, l'intonation.

• **Proposer** un petit jeu :

Faites deviner le plus de mots possibles à votre voisin en 1 minute.

Proposer un exemple parmi les suivants en jouant avec un élève :

C'est une très grande peur. (la phobie)
Ils transmettent les informations à notre cerveau. (les neurones)
Il y en a un droit et un gauche. (un hémisphère cérébral)
C'est la mélodie de la voix. (l'intonation)
C'est le fait de pouvoir imaginer les faces que nous ne voyons pas. (la spatialisation)
C'est raisonner selon un enchainement cohérent. (la logique)

Renouveler éventuellement l'exemple collectif avec un autre élève.
Démarrer le jeu après avoir constitué des binômes.

Ce jeu a une fonction de rebrassage du vocabulaire.

module 2

Apprendre à lire des articles d'encyclopédie en ligne

objectif du module 2

Apprendre à localiser des informations dans un article d'encyclopédie en ligne, en fonction d'un but et de ses connaissances sur le rôle des blocs.

plan du module 2

Partie 1 • Apprendre à utiliser une lecture survol et une lecture linéaire

Épisode 1. Lire stratégiquement un article d'encyclopédie en ligne à l'aide du sommaire

Épisode 2. Utiliser deux manières de lire : lecture survol et lecture linéaire

Partie 2 • Apprendre à répondre en reformulant

Épisode 3. Apprendre à reformuler un paragraphe

Épisode 4. Écrire un paragraphe d'article en prenant en compte son destinataire

matériel

affichages collectifs	*fiches individuelles à photocopier*
Partie 1	
– L'image d'un astronaute. – Vidéo « Comment fait-on pour devenir spationaute ? » – Le sommaire de l'article « Astronaute » de Vikidia. – L'article « Astronaute » en 3 parties : le sommaire, le début (du titre au sommaire), la suite de l'article. – La première partie de l'article « Astronaute » de Vikidia. – Les étiquettes pour légender l'article. – Les images pour apprendre le vocabulaire. – Vidéo « Comment vit-on dans une station spatiale ? ». – L'article « Astronaute » de Wikimini et les étiquettes numérotées. – Les pièces du puzzle de la démarche. – Les réponses de trois élèves virtuels à la question : « Comment les astronautes font-ils pour se nourrir ? ». – Les stratégies utilisées par ces trois élèves pour répondre. – Le quiz pour faire le bilan. – Les engrenages de synthèse.	– L'article « Astronaute » de Vikidia à remettre dans l'ordre (1 par binôme). – La fiche élève avec la question : « Comment les astronautes font-ils pour se nourrir ? » – Le quiz pour faire le bilan.
Partie 2	
– Vidéo « La Lune, satellite de la Terre » – Les images pour apprendre le vocabulaire. – Les pièces du puzzle de la démarche. – L'article Vikidia sur la Lune. – L'animation sur la formation de la Lune. – 3 images séquentielles extraites de cette animation. – Les réponses de deux élèves virtuels. – L'engrenage de synthèse. – Vidéo de la visite virtuelle de l'ISS par Thomas Pesquet. – L'article avec caches « La vie à bord de l'ISS », d'après *Le Petit Quotidien*. – 3 articles sur la vie dans l'espace issus du site de l'ESA Kids.	– La fiche de révision. – La fiche élève : « Comment la Lune s'est-elle formée ? ». – La fiche élève : « Se nourrir dans l'espace » – La fiche élève : « La toilette ». – L'auto-évaluation de fin de module.

Partie 1
Apprendre à utiliser une lecture survol et une lecture linéaire

épisode 1

Lire stratégiquement un article d'encyclopédie en ligne à l'aide du sommaire

Ce que vos élèves devront avoir retenu à la fin de l'épisode :
Pour lire stratégiquement un article d'encyclopédie en ligne, il faut s'appuyer sur le sommaire. Cela permet de cibler directement la recherche.
L'article d'encyclopédie en ligne a des éléments communs au documentaire papier (titres, sous-titres, sommaire...) et des spécificités (des onglets, un bandeau...).

Durée : 2 h 10, à organiser en plusieurs séances.

Matériel
Diaporama « Lire stratégiquement à l'aide du sommaire » (https://urlz.fr/qRFk).
Une ardoise ou un cahier d'essais par élève.

- Étape 1 : L'image d'un astronaute (format collectif).
- Étape 2 : Une affiche vierge.
  Vidéo « 1 jour, 1 question, Comment fait-on pour devenir spationaute ? » (https://bit.ly/2Atepoy).
- Étape 3 : Le sommaire de l'article « Astronaute » de Vikidia (format collectif).
  Le début (titre, introduction et sommaire) de l'article « Astronaute » de Vikidia (format collectif).
  L'article « Astronaute » de Vikidia à remettre dans l'ordre (1 par binôme).
  1 feuille A3 par binôme.
- Étape 4 : La première et la deuxième parties de l'article « Astronaute » de Vikidia (format collectif).
  Les étiquettes pour légender un article encyclopédique en ligne (les onglets, le bandeau, le sommaire, un sous-titre, un paragraphe, le titre, l'introduction, un bloc : une image et sa légende).
- Étape 5 : L'article « Astronaute » de Vikidia.
- Étape 6 : Les engrenages de synthèse.
- Étape 7 : Les images pour apprendre le vocabulaire.
- Prolongements : L'article « Astronaute » de Wikipédia.
  Vidéo « Neil Armstrong », TV5 Monde, Quelle histoire Éditions (https://urlz.fr/ncZq).

Nous conseillons de mener cet épisode en deux séances : tout d'abord les étapes 1 à 3 pour présenter l'objectif et reconstituer le documentaire ; puis les étapes 4 à 7 pour la correction collective, la synthèse et le travail sur le lexique.

1 Présenter l'objectif général et celui de l'épisode 1 ⏱ 15 min

Ce temps doit vous permettre de montrer l'intérêt, pour les élèves, d'apprendre à lire stratégiquement des encyclopédies en ligne.

- Demander :

Une encyclopédie en ligne, qu'est-ce que c'est ? À quoi ça sert ?

Recueillir les représentations des élèves **à l'oral**.
Si nécessaire, **préciser** :

Lorsque vous cherchez des informations sur Internet, vous consultez certainement Wikipédia ou Vikidia. Ce sont des encyclopédies en ligne. Vikidia est destiné aux 8-13 ans tandis que Wikipédia s'adresse aux plus grands.

• Projeter la photo d'un astronaute. Demander :

Quel est le métier de cette personne ?

© iStock

Annoncer que vous allez réaliser, avec vos élèves, une recherche sur Internet sur ce métier, grâce à une encyclopédie en ligne pour enfants.

J'aimerais avoir des informations sur le métier d'astronaute. Pour mieux le connaitre, utilisons un moteur de recherche.

Écrire « astronaute » dans la barre de recherche d'un navigateur Internet puis cliquer sur la loupe (ou demander à un élève de le faire) pour faire apparaitre le résultat de la recherche.

Utiliser l'ordinateur et le vidéoprojecteur de la classe afin que tous les élèves voient la navigation et les résultats de la recherche ou utiliser le diaporama dynamique (https://urlz.fr/qRFk). Internet et le diaporama présentent chacun un avantage :
– faire la recherche en ligne avec les élèves permet de montrer la lecture dynamique qu'offre Internet et le choix à faire parmi une liste de résultats ;
– utiliser le diaporama qui simule cette recherche permet de garantir un contenu stable et plus guidé.
Choisir l'une ou l'autre de ces deux possibilités.

Inviter les élèves à **observer** ces résultats et demander d'anticiper **où cliquer**. Recueillir leurs réponses. Opter pour le « bon » lien : « Astronaute – Vikidia » et justifier : « Vikidia » est une encyclopédie en ligne pour les 8-13 ans ; son but est de transmettre des connaissances.

Il faut descendre sur la page des résultats pour trouver le site de Vikidia – une occasion de montrer aux élèves l'importance d'identifier le site correspondant à la recherche.

• **Cliquer sur le lien** (ou inviter un élève à le faire) pour accéder à l'article sur le métier d'astronaute.

Voici la page d'encyclopédie en ligne sur les astronautes.

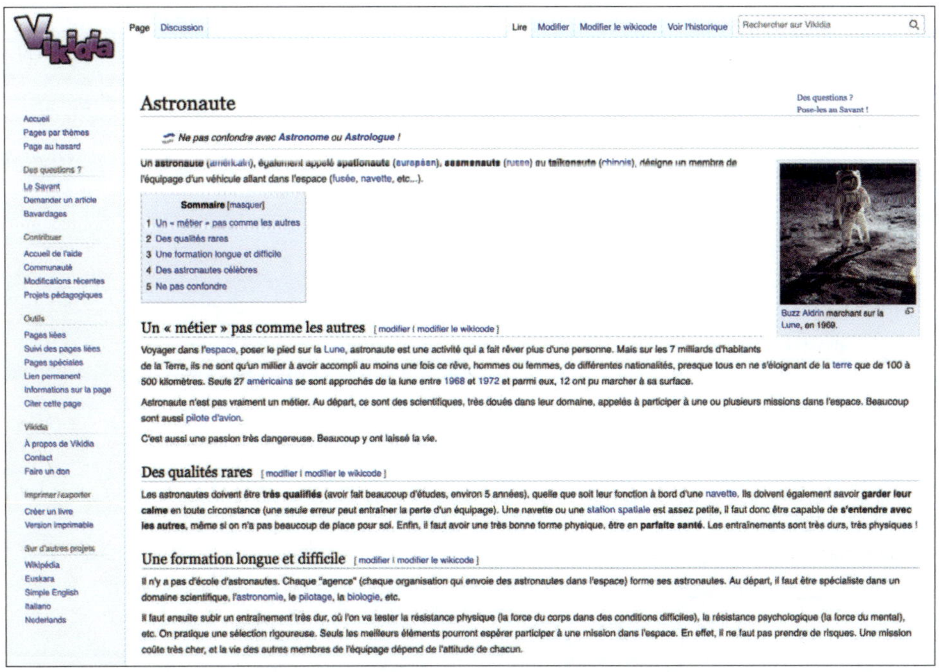

Page Discussion | Lire Modifier Modifier le wikicode Voir l'historique | Rechercher sur Vikidia

Accueil
Pages par thèmes
Page au hasard
Des questions ?
Le Savant
Demander un article
Bavardages
Contribuer
Accueil de l'aide
Communauté
Modifications récentes
Projets pédagogiques
Outils
Pages liées
Suivi des pages liées
Pages spéciales
Lien permanent
Informations sur la page
Citer cette page
Vikidia
À propos de Vikidia
Contact
Faire un don
Imprimer / exporter
Créer un livre
Version imprimable
Sur d'autres projets
Wikipédia
Euskara
Simple English
Italiano
Nederlands

Astronaute

Des questions ? Pose-les au Savant !

*Ne pas confondre avec **Astronome** ou **Astrologue** !*

Un **astronaute** (américain), également appelé **spationaute** (européen), **cosmonaute** (russe) ou **taïkonaute** (chinois), désigne un membre de l'équipage d'un véhicule allant dans l'espace (fusée, navette, etc...).

Sommaire [masquer]
1 Un « métier » pas comme les autres
2 Des qualités rares
3 Une formation longue et difficile
4 Des astronautes célèbres
5 Ne pas confondre

Buzz Aldrin marchant sur la Lune, en 1969.

Un « métier » pas comme les autres [modifier | modifier le wikicode]

Voyager dans l'espace, poser le pied sur la Lune, astronaute est une activité qui a fait rêver plus d'une personne. Mais sur les 7 milliards d'habitants de la Terre, ils ne sont qu'un millier à avoir accompli au moins une fois ce rêve, hommes ou femmes, de différentes nationalités, presque tous en ne s'éloignant de la terre que de 100 à 500 kilomètres. Seuls 27 américains se sont approchés de la lune entre 1968 et 1972 et parmi eux, 12 ont pu marcher à sa surface.

Astronaute n'est pas vraiment un métier. Au départ, ce sont des scientifiques, très doués dans leur domaine, appelés à participer à une ou plusieurs missions dans l'espace. Beaucoup sont aussi pilote d'avion.

C'est aussi une passion très dangereuse. Beaucoup y ont laissé la vie.

Des qualités rares [modifier | modifier le wikicode]

Les astronautes doivent être **très qualifiés** (avoir fait beaucoup d'études, environ 5 années), quelle que soit leur fonction à bord d'une navette. Ils doivent également savoir **garder leur calme** en toute circonstance (une seule erreur peut entraîner la perte d'un équipage). Une navette ou une station spatiale est assez petite, il faut donc être capable de **s'entendre avec les autres**, même si on n'a pas beaucoup de place pour soi. Enfin, il faut avoir une très bonne forme physique, être en **parfaite santé**. Les entraînements sont très durs, très physiques !

Une formation longue et difficile [modifier | modifier le wikicode]

Il n'y a pas d'école d'astronautes. Chaque "agence" (chaque organisation qui envoie des astronautes dans l'espace) forme ses astronautes. Au départ, il faut être spécialiste dans un domaine scientifique, l'astronomie, le pilotage, la biologie, etc.

Il faut ensuite subir un entraînement très dur, où l'on va tester la résistance physique (la force du corps dans des conditions difficiles), la résistance psychologique (la force du mental), etc. On pratique une sélection rigoureuse. Seuls les meilleurs éléments pourront espérer participer à une mission dans l'espace. En effet, il ne faut pas prendre de risques. Une mission coûte très cher, et la vie des autres membres de l'équipage dépend de l'attitude de chacun.

D'après Vikidia (au 30/07/2024) : https://fr.vikidia.org/wiki/Astronaute

Demander aux élèves ce qu'ils voient sur cette page Internet. Recueillir leurs réponses oralement.

Il ne s'agit pas de faire une description détaillée de l'article mais de recueillir rapidement les premières impressions des élèves. L'affichage de l'article doit être bref afin de ne pas anticiper le travail qui suit.

Il y a des mots écrits en bleu et en noir, beaucoup de texte, une image...
Il y a trop de choses ! On n'arrive pas à se repérer. (élèves de CM2)

Les rassurer et **annoncer l'objectif de ce module** :

C'est compliqué à lire ! Pas de panique ! Nous allons apprendre ensemble à lire les articles en ligne.

Puis **donner l'objectif de ce premier épisode** :

Nous allons commencer par apprendre à **être stratégiques** pour nous servir d'un sommaire dans un article en ligne.

Expliquer que les lecteurs efficaces utilisent des stratégies pour lire « vite et bien ». Préciser qu'au collège, on attend des élèves qu'ils sachent lire ce type d'article, pour faire des exposés par exemple.

Un co-concepteur a demandé à ses élèves de CM2 en REP : « Qui pense savoir lire cet article ? ». 4 élèves sur 22 ont levé la main.

2 S'approprier un sujet pour mieux comprendre ⏱ 10 min

Les élèves doivent mobiliser leurs connaissances personnelles sur le métier de spationaute puis les confronter à celles du reste de la classe. Ces connaissances seront complétées (et non pas validées) à l'aide d'une vidéo. Ceci aidera les élèves à mieux comprendre l'article d'encyclopédie en ligne sur le métier d'astronaute.

• Dire :

Pour mieux comprendre l'article d'encyclopédie en ligne sur les astronautes, nous allons vérifier nos connaissances.
Que savez-vous sur le métier d'astronaute ? Chuchotez-le à l'oreille de votre voisin...

• Après un bref temps d'échanges, demander aux élèves de partager leur réponse et **noter** leurs propositions sur une affiche avec des mots-clés, à la manière d'une prise de notes.
• Visionner la vidéo « 1 jour, 1 question, Comment fait-on pour devenir spationaute ? » pour compléter les propositions des élèves (https://bit.ly/2Atepoy).

Pour rappel, les neurosciences nous ont appris l'importance de la **logique de prédiction** pour que les élèves s'engagent dans l'apprentissage : « Est-ce que ce que j'ai prédit est vrai ? »

Donner à voir une prise de notes permet de préparer le travail du module 3.

3 Se servir des organisateurs textuels pour reconstituer un article d'encyclopédie en ligne ⏱ 30 min

Les élèves doivent reconstituer un article d'encyclopédie en ligne. Cette activité les aidera à mieux comprendre le rôle du sommaire, mais aussi à rebrasser leurs connaissances sur l'association « sous-titre - paragraphe » qui forme un bloc.

• **Projeter le sommaire** de l'article d'encyclopédie « Vikidia » sur les astronautes.

Voici le sommaire de l'article en ligne sur les astronautes.

Sommaire [masquer]
1 Un « métier » pas comme les autres
2 Des qualités rares
3 Une formation longue et difficile
4 Des astronautes célèbres
5 Ne pas confondre

• **Remobiliser** les connaissances des élèves sur le sommaire en les questionnant :

Souvenons-nous : qu'est-ce qu'un sommaire ?
À quoi correspondent les chiffres ?

Réponse attendue : les chiffres correspondent à l'ordre d'apparition des sous-titres.

Des co-concepteurs ont remarqué que des élèves confondaient les chiffres dans le sommaire avec des numéros de pages (comme dans un sommaire papier).

Quel sera le 1er sous-titre de l'article en ligne ? Quel sera le 4e sous-titre ?
Où est placé le sommaire dans une page d'encyclopédie en ligne ?

Réponse attendue : le sommaire est situé après le titre et son introduction.
Valider en affichant le début de l'article.

En profiter pour montrer la différence avec la place du sommaire dans une encyclopédie papier (au début ou à la fin du livre).

Astronaute

Des questions ?
Pose-les au Savant !

*Ne pas confondre avec **Astronome** ou **Astrologue** !*

Un **astronaute** (américain), également appelé **spationaute** (européen), **cosmonaute** (russe) ou **taïkonaute** (chinois), désigne un membre de l'équipage d'un véhicule allant dans l'espace (fusée, navette, etc...).

Sommaire [masquer]
1 Un « métier » pas comme les autres
2 Des qualités rares
3 Une formation longue et difficile
4 Des astronautes célèbres
5 Ne pas confondre

Buzz Aldrin marchant sur la Lune, en 1969.

D'après Vikidia (au 30/07/24) : https://fr.vikidia.org/wiki/Astronaute

• **Présenter le travail** de reconstitution :

Vous allez reconstituer la suite de l'article sur une feuille A3 en vous aidant du sommaire.

Organiser la classe en binômes. **Distribuer les 11 étiquettes** du documentaire à chaque groupe, ainsi qu'une feuille A3.

Les élèves doivent reconstituer les 5 paragraphes du documentaire ; cela permettra d'aborder une spécificité de la lecture numérique : le scrolling. Volontairement le bandeau et les onglets ne font pas partie des étiquettes distribuées. Ces éléments structurants et spécifiques des documentaires en ligne seront présentés lors de la mise en commun.

Ces étiquettes sont dans le désordre. À vous de les remettre dans l'ordre pour reconstituer l'article sur les astronautes. Rappelez-vous : il n'est pas utile de tout lire. Aidez-vous du sommaire. Quand vous aurez fini, collez les étiquettes sur votre feuille A3.

Laisser choisir l'orientation de la feuille.
Stopper au bout de 15 minutes environ et **ramasser** les documentaires reconstitués.

Une tâche similaire de reconstitution a déjà été éprouvée lors du module 1. Elle permet ici de gagner du temps pour découvrir l'importance du sommaire comme élément clé pour se repérer dans l'article.
Une co-conceptrice a choisi de demander aux binômes les plus rapides d'entourer les blocs afin de réinvestir le module 1.

• Hors temps de classe, sélectionner deux ou trois productions pour la séance suivante, par exemple une production correcte, d'autres productions dont des sous-titres sont associés avec le mauvais paragraphe ou avec des sous-titres qui n'apparaissent pas dans l'ordre du sommaire, des formats paysage non conformes à la disposition d'un article en ligne, des sous-titres et paragraphes non alignés...

4 Mettre en évidence les organisateurs textuels de l'article d'encyclopédie en ligne ⏱ 30 min

Les élèves vont apprendre le nom et le rôle des organisateurs textuels de l'article d'encyclopédie en ligne et découvrir la spécificité numérique du défilement de la page (scrolling).

• **Afficher** trois productions d'élèves afin de les **comparer**. Inviter les élèves à justifier leurs choix :

On a cherché le sous-titre 1 puis on a cherché son paragraphe. (Yacine, CM2)
On a assemblé tous les blocs, sous-titres et paragraphes, puis on a tenu compte du sommaire. (Reda, CM1)

« Le sommaire, c'est comme le GPS : c'est la carte pour se repérer. » (co-concepteur)

• **Projeter** ensuite l'article d'encyclopédie en ligne pour en valider la reconstitution.

Voici l'article d'encyclopédie tel qu'il apparait sur Internet.

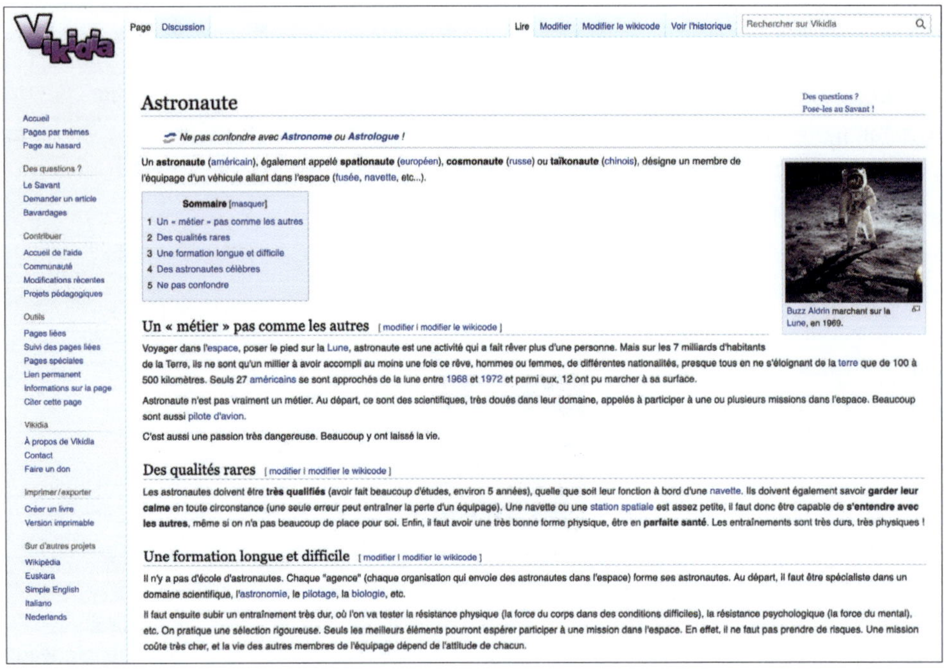

Page | Discussion | Lire | Modifier | Modifier le wikicode | Voir l'historique | Rechercher sur Vikidia

Accueil
Pages par thèmes
Page au hasard
Des questions ?
Le Savant
Demander un article
Bavardages
Contribuer
Accueil de l'aide
Communauté
Modifications récentes
Projets pédagogiques
Outils
Pages liées
Suivi des pages liées
Pages spéciales
Lien permanent
Informations sur la page
Citer cette page
Vikidia
À propos de Vikidia
Contact
Faire un don
Imprimer / exporter
Créer un livre
Version imprimable
Sur d'autres projets
Wikipédia
Euskara
Simple English
Italiano
Nederlands

Des questions ? Pose-les au Savant !

Astronaute

*Ne pas confondre avec **Astronome** ou **Astrologue** !*

Un **astronaute** (américain), également appelé **spationaute** (européen), **cosmonaute** (russe) ou **taïkonaute** (chinois), désigne un membre de l'équipage d'un véhicule allant dans l'espace (fusée, navette, etc...).

Sommaire [masquer]
1 Un « métier » pas comme les autres
2 Des qualités rares
3 Une formation longue et difficile
4 Des astronautes célèbres
5 Ne pas confondre

Buzz Aldrin marchant sur la Lune, en 1969.

Un « métier » pas comme les autres [modifier | modifier le wikicode]

Voyager dans l'espace, poser le pied sur la Lune, astronaute est une activité qui a fait rêver plus d'une personne. Mais sur les 7 milliards d'habitants de la Terre, ils ne sont qu'un millier à avoir accompli au moins une fois ce rêve, hommes ou femmes, de différentes nationalités, presque tous en ne s'éloignant de la terre que de 100 à 500 kilomètres. Seuls 27 américains se sont approchés de la lune entre 1968 et 1972 et parmi eux, 12 ont pu marcher à sa surface.

Astronaute n'est pas vraiment un métier. Au départ, ce sont des scientifiques, très doués dans leur domaine, appelés à participer à une ou plusieurs missions dans l'espace. Beaucoup sont aussi pilote d'avion.

C'est aussi une passion très dangereuse. Beaucoup y ont laissé la vie.

Des qualités rares [modifier | modifier le wikicode]

Les astronautes doivent être **très qualifiés** (avoir fait beaucoup d'études, environ 5 années), quelle que soit leur fonction à bord d'une navette. Ils doivent également savoir **garder leur calme** en toute circonstance (une seule erreur peut entraîner la perte d'un équipage). Une navette ou une station spatiale est assez petite, il faut donc être capable de **s'entendre avec les autres**, même si on n'a pas beaucoup de place pour soi. Enfin, il faut avoir une très bonne forme physique, être en **parfaite santé**. Les entraînements sont très durs, très physiques !

Une formation longue et difficile [modifier | modifier le wikicode]

Il n'y a pas d'école d'astronautes. Chaque "agence" (chaque organisation qui envoie des astronautes dans l'espace) forme ses astronautes. Au départ, il faut être spécialiste dans un domaine scientifique, l'astronomie, le pilotage, la biologie, etc.

Il faut ensuite subir un entraînement très dur, où l'on va tester la résistance physique (la force du corps dans des conditions difficiles), la résistance psychologique (la force du mental), etc. On pratique une sélection rigoureuse. Seuls les meilleurs éléments pourront espérer participer à une mission dans l'espace. En effet, il ne faut pas prendre de risques. Une mission coûte très cher, et la vie des autres membres de l'équipage dépend de l'attitude de chacun.

D'après Vikidia (au 30/07/24) : https://fr.vikidia.org/wiki/Astronaute

Demander aux élèves de **comparer** cet article avec leurs reconstitutions.

Il y a plusieurs différences avec vos travaux. Lesquelles ?

Constater la présence **des onglets** en haut de l'article et **du bandeau** sur le côté à gauche. Écrire ces termes au tableau et les expliquer (faire le lien avec les onglets des intercalaires dans un classeur).

Les élèves remarqueront aussi une différence propre aux articles en ligne :

L'article n'est pas terminé.

Constater la spécificité de la lecture numérique : tout l'article n'est pas visible sur la page affichée. Il faut « scroller », descendre sur la page, pour voir la suite.

Le scrolling (ou défilement de la page) est l'une des difficultés majeures du numérique. Lors de notre test passé auprès de 112 élèves, 58,9 % d'entre eux n'utilisent pas le curseur de la souris pour descendre sur la page. Ils se contentent de ce qui apparait à l'écran. Ce n'est évidemment pas suffisant.

Montrer la suite de l'article (sous-titres 4 et 5).

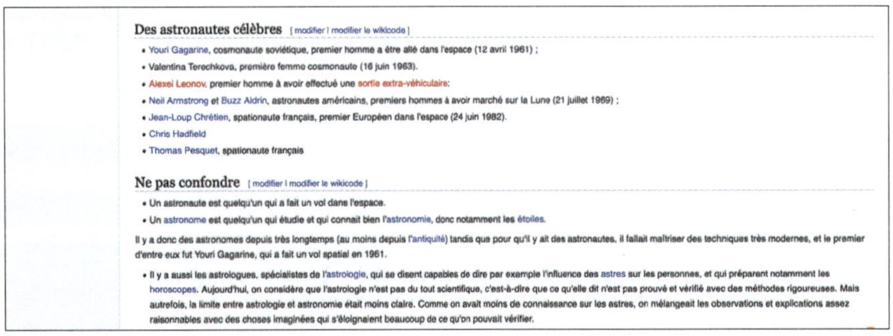

Des astronautes célèbres [modifier | modifier le wikicode]

- Youri Gagarine, cosmonaute soviétique, premier homme a être allé dans l'espace (12 avril 1961) ;
- Valentina Terechkova, première femme cosmonaute (16 juin 1963).
- Alexei Leonov, premier homme à avoir effectué une sortie extra-véhiculaire;
- Neil Armstrong et Buzz Aldrin, astronautes américains, premiers hommes à avoir marché sur la Lune (21 juillet 1969) ;
- Jean-Loup Chrétien, spationaute français, premier Européen dans l'espace (24 juin 1982).
- Chris Hadfield
- Thomas Pesquet, spationaute français

Ne pas confondre [modifier | modifier le wikicode]

- Un astronaute est quelqu'un qui a fait un vol dans l'espace.
- Un astronome est quelqu'un qui étudie et qui connait bien l'astronomie, donc notamment les étoiles.

Il y a donc des astronomes depuis très longtemps (au moins depuis l'antiquité) tandis que pour qu'il y ait des astronautes, il fallait maîtriser des techniques très modernes, et le premier d'entre eux fut Youri Gagarine, qui a fait un vol spatial en 1961.

- Il y a aussi les astrologues, spécialistes de l'astrologie, qui se disent capables de dire par exemple l'influence des astres sur les personnes, et qui préparent notamment les horoscopes. Aujourd'hui, on considère que l'astrologie n'est pas du tout scientifique, c'est-à-dire que ce qu'elle dit n'est pas prouvé et vérifié avec des méthodes rigoureuses. Mais autrefois, la limite entre astrologie et astronomie était moins claire. Comme on avait moins de connaissance sur les astres, on mélangeait les observations et explications assez raisonnables avec des choses imaginées qui s'éloignaient beaucoup de ce qu'on pouvait vérifier.

D'après Vikidia (au 30/07/24) : https://fr.vikidia.org/wiki/Astronaute

Insister sur le fait que le sommaire est essentiel pour savoir si la page affichée est complète. Afficher à nouveau le sommaire et montrer la correspondance avec les sous-titres de l'article.

• **Procéder à un jeu** de « Qui suis-je ? » pour remobiliser le nom et le rôle de chaque élément de l'article encyclopédique sur les astronautes : pointer un élément, les élèves doivent le nommer et identifier son rôle (dire à quoi il sert). L'étiquette mentionnant le nom de l'élément est ensuite affichée pour **fixer le lexique**.

Dans le diaporama, le scénario du « Qui suis-je ? » est pris en charge par des animations.

Pointer le titre et demander :

Qui suis-je ?

Réponse attendue : le titre ; il annonce le sujet de tout l'article.

Suivre la même démarche avec :

– **l'introduction**

Réponse attendue : l'introduction présente le sujet.

– **le sommaire**

Réponse attendue : le sommaire liste les sous-titres.

– **l'image et la légende**

Réponse attendue : l'image et la légende forment un bloc de sens. Elles sont complémentaires : l'image donne des informations, la légende en donne d'autres.

– **un sous-titre**

Réponse attendue : un sous-titre annonce brièvement de quoi parle le paragraphe.

– **un paragraphe**

Réponse attendue : un paragraphe est un texte qui développe ce qui est annoncé par son sous-titre. Le sous-titre et le paragraphe vont ensemble. Ils forment un bloc de sens.

Ces sept éléments sont communs aux documentaires papiers.
Les onglets et le bandeau sont spécifiques aux documentaires en ligne.
Ces deux nouveaux mots sont à retenir.

– **les onglets**

Réponse attendue : les onglets permettent d'accéder rapidement à chaque section du site sans cliquer à travers plusieurs pages.

– **le bandeau**

Réponse attendue : le bandeau est une grande bande qui peut se situer à gauche, en haut ou en bas d'une page Internet. Il permet d'afficher des informations du site qui restent d'une page à l'autre (le sommaire du site, par exemple).

• Avec le document PDF fourni et les étiquettes-légendes, il est possible de créer une affiche de ce type :

5 Être stratégique dans sa lecture de l'article d'encyclopédie en ligne ⏱ 30 min

Avec le jeu des extraits, les élèves doivent faire une lecture stratégique du sommaire : quel sous-titre sélectionner ? Être stratégique, c'est apprendre à choisir.

• Mettre en place le **jeu des extraits** avec l'article Vikidia sur les astronautes pour apprendre à utiliser le sommaire dans ce type d'article.
Avant de commencer, **relire** le sommaire **sans le commenter** et rappeler la règle du jeu :
Je vais vous lire un extrait de l'article Vikidia sur les astronautes. Vous devrez identifier dans quelle partie il se trouve. Vous écrirez votre réponse sur votre ardoise.

• **Lire** à voix haute **le premier extrait** : « Valentina Terechkova, première femme cosmonaute (16 juin 1963). »
Dans quel bloc allez-vous chercher ? Écrivez le numéro sur votre ardoise.

• **Mettre en commun** : faire argumenter les élèves sur leur choix. Le reste de la classe valide, invalide ou complète les propositions.
Retenir l'hypothèse : « 4. Des astronautes célèbres » car Valentina Terechkova est la première femme à avoir été dans l'espace, en 1963. Elle est donc célèbre. De plus, cosmonaute est un synonyme d'astronaute.
Vérifier que les autres propositions du sommaire sont peu probables.
Faire remarquer que c'est la lecture du bloc qui permet de valider l'hypothèse.
• Montrer que, dans un article d'encyclopédie en ligne, si l'on clique sur les sous-titres du sommaire, on va directement au paragraphe correspondant : **cliquer sur le sous-titre n° 4** « Des astronautes célèbres » pour accéder au bloc (sous-titre et son paragraphe).
Valider en lisant (ou faisant lire) le texte.

• **Lire le deuxième extrait** : « Il faut ensuite subir un entrainement très dur, où l'on va tester la résistance physique (la force du corps dans des conditions difficiles), la résistance psychologique (la force du mental), etc. ».
Suivre la même démarche.
Dans quel bloc allez-vous chercher ? Écrivez le numéro sur votre ardoise.

Demander aux élèves d'anticiper une autre possibilité :
Et si vous ne trouvez pas l'extrait dans cette partie, où irez-vous chercher ensuite ?

• **Mettre en commun** : noter les propositions des élèves au tableau et les inviter à justifier leur choix.
– Peut-être le n° 2 « Des qualités rares » car être résistant physiquement et psychologiquement sont des critères pour devenir spationaute. Ce sont certainement des qualités à avoir avant de devenir spationaute.
– Peut-être le n° 3 « Une formation longue et difficile » car on doit apprendre à être résistant physiquement et psychologiquement. À l'école des spationautes, on apprend peut-être cela en s'entrainant beaucoup, grâce à une formation longue et difficile.

• **Vérifier** en choisissant de **lire** d'abord le paragraphe du sous-titre n° 2 « Des qualités rares ». Constater que l'extrait n'est pas présent dans ce texte.
Lire ou faire lire le paragraphe n° 3 « Une formation longue et difficile ». L'extrait valide cette hypothèse.

• **Lire le troisième extrait** : « Astronaute n'est pas vraiment un métier. »
Suivre la même démarche que précédemment.
Vérifier après avoir fait argumenter les élèves sur leurs choix. Vous pouvez écrire les numéros des propositions des élèves au tableau et **demander** :

Ce jeu a déjà été proposé dans le module 1. Il cible l'attention des élèves sur le rôle du sommaire, élément quasi permanent des encyclopédies en ligne.

Une fois de plus, il est possible de mener ce jeu avec le diaporama (pour lequel les extraits ont été choisis dans l'article en juin 2024) ou directement avec l'article en ligne. Pour cette dernière option, Vikidia étant une encyclopédie collaborative et, de ce fait, évolutive, l'enseignant devra certainement adapter le contenu des extraits.

Lorsque les élèves sont surs de la pertinence d'un sous-titre, ils omettent de lire les autres. Il est nécessaire de leur montrer l'utilité de lire le reste des sous-titres pour voir ce qui est le plus probable. La lecture de l'extrait sera ensuite essentielle pour valider les hypothèses.

La lecture montre que l'extrait n'appartient pas au sous-titre n° 2. Se tromper permet de signaler que le choix d'un sous-titre est basé sur des hypothèses et qu'il faut vérifier en lisant le paragraphe.

Vous pouvez demander aux élèves d'écrire le numéro ET de justifier leur choix. Cette justification par écrit permet une gradation dans la difficulté et de varier le jeu, sans lasser les élèves.

Que pouvons-nous éliminer ? Que conserver ? Pourquoi ?

Puis **valider** : « 1. Un "métier" pas comme les autres ».

• Lister oralement et rapidement ce que les élèves ont appris sur ce métier grâce à cet article d'encyclopédie.

Qu'avez-vous appris de plus sur le métier d'astronaute grâce à cet article d'encyclopédie ?

S'appuyer sur l'affiche réalisée en étape 2 pour valider/invalider/compléter, à l'oral, les propositions des élèves.

La recherche lexicale (recherche du mot « métier ») est la stratégie la plus utilisée par les élèves. C'est pourtant celle qui les induit souvent en erreur. Cette stratégie est utile mais non suffisante. Il faut vérifier si, au-delà du même mot, le choix a du sens.

6 Synthétiser 10 min

Les élèves sont amenés à décontextualiser ce qu'ils ont compris sur la manière de lire stratégiquement un article d'encyclopédie en ligne (et pas ce qu'ils ont appris sur les astronautes !).

• **Afficher** l'article d'encyclopédie Vikidia sur les astronautes et demander :

Dans le jeu des extraits, comment avez-vous fait pour localiser les informations que vous recherchiez ?

Recueillir oralement les procédures des élèves.

Il faut d'abord rechercher dans le sommaire avant de lire le paragraphe. (Maël, CM1)
On n'est pas obligé de lire tout l'article, on regarde dans le sommaire. (Auria, CE2)

Faire le lien avec le module 1 :

On appelait cela « le parcours de lecture à travers des blocs de sens ».

• Faire émerger la **synthèse** suivante :

Aujourd'hui, nous avons appris que...

Pour chercher des informations dans un article d'encyclopédie en ligne, nous devons d'abord **lire le sommaire**.
Nous **choisissons le ou les sous-titres** qui nous paraissent les plus probables par rapport à ce que nous cherchons.
Nous **vérifions** en lisant le bloc (le sous-titre et son paragraphe).
Si nous ne trouvons pas, **nous choisissons un autre sous-titre** dans le sommaire puis nous lisons le bloc qui pourrait contenir l'information recherchée.
C'est notre **parcours de lecture** pour lire les articles en ligne.
Être stratégique, c'est **choisir** puis **vérifier**.

• Afficher la synthèse sous forme d'engrenages :

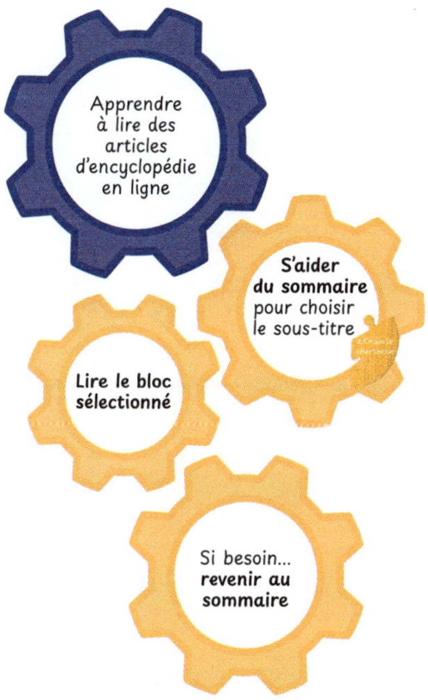

Pour conserver l'essentiel à retenir, vous pouvez utiliser les engrenages à imprimer. Cet affichage collectif évoluera au fil du module et servira pour le rebrassage au début de chaque épisode.

• Ou faire écrire le texte suivant :

Être stratégique dans la lecture d'un texte documentaire en ligne, c'est **lire le sommaire** et **choisir un sous-titre** en fonction de ce que je cherche. **Vérifier** en lisant le bloc (et revenir au sommaire si je me suis trompé).

DÉFI ! Cherchez un terme pour une autre matière (histoire, géographie, sciences...) dans un moteur de recherche Internet. Cliquez sur le résultat renvoyant à un article d'encyclopédie en ligne (Vikidia ou Wikipédia). Remarquez sa structure : les onglets, le bandeau, le sommaire, les sous-titres... Légendez l'article en réutilisant les 8 étiquettes-légendes.

7 Mettre le vocabulaire en mémoire 5 min

Ces temps d'apprentissage, ritualisés tout au long du module, ont pour objectif de poursuivre l'acquisition du lexique et des connaissances.

• Demander :

Quel est le point commun entre un astronaute, un spationaute, un cosmonaute et un taïkonaute ?

Expliquer que tous sont des voyageurs de l'espace. Les Américains s'appellent **astronautes**, les Français sont des **spationautes**, les Russes sont des **cosmonautes** et les chinois sont appelés **taïkonautes**.

Préciser que « -naute », du latin « nauta », signifie « navigateur ».

© iStock

• Suivre la démarche habituelle d'enseignement du lexique avec l'image représentant une **combinaison spatiale** (ou scaphandre).

Quel est le nom de ce vêtement ?

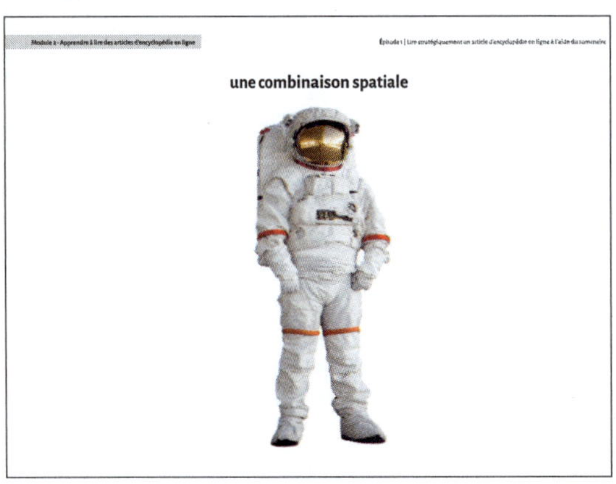

© iStock

Prolongements

• **Montrer** l'article « Astronaute » de l'encyclopédie en ligne Wikipédia.

Voici ce qui apparait lorsqu'on cherche « astronaute » dans Wikipédia, une autre encyclopédie en ligne.

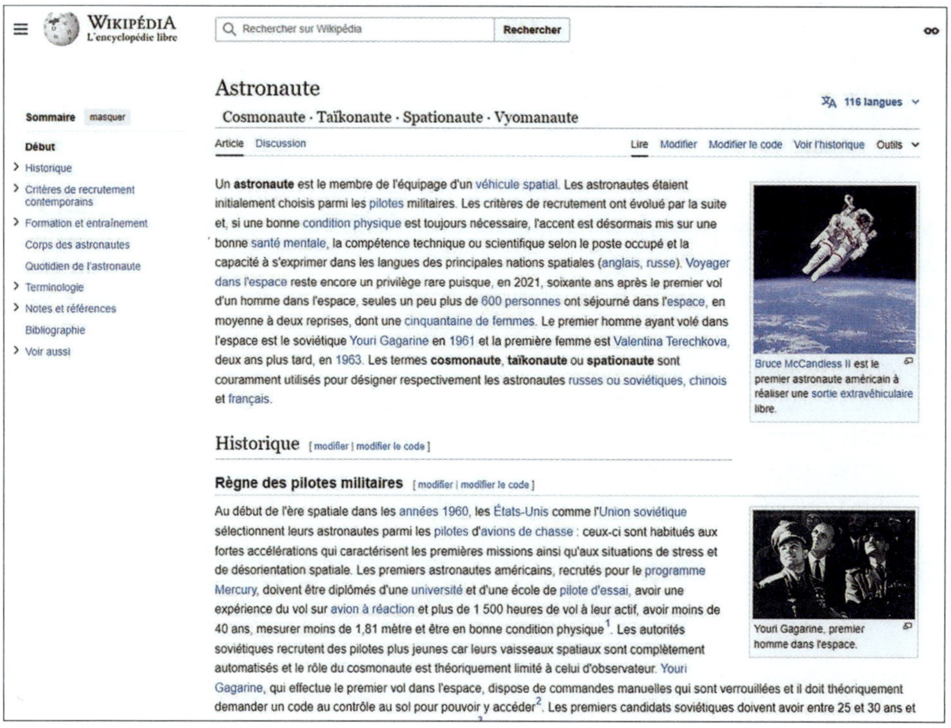
WIKIPÉDIA
L'encyclopédie libre

Rechercher sur Wikipédia | Rechercher

Sommaire masquer

Début
- Historique
- Critères de recrutement contemporains
- Formation et entraînement
- Corps des astronautes
- Quotidien de l'astronaute
- Terminologie
- Notes et références
- Bibliographie
- Voir aussi

Astronaute

Cosmonaute · Taïkonaute · Spationaute · Vyomanaute

116 langues

Article Discussion | Lire Modifier Modifier le code Voir l'historique Outils

Un **astronaute** est le membre de l'équipage d'un véhicule spatial. Les astronautes étaient initialement choisis parmi les pilotes militaires. Les critères de recrutement ont évolué par la suite et, si une bonne condition physique est toujours nécessaire, l'accent est désormais mis sur une bonne santé mentale, la compétence technique ou scientifique selon le poste occupé et la capacité à s'exprimer dans les langues des principales nations spatiales (anglais, russe). Voyager dans l'espace reste encore un privilège rare puisque, en 2021, soixante ans après le premier vol d'un homme dans l'espace, seules un peu plus de 600 personnes ont séjourné dans l'espace, en moyenne à deux reprises, dont une cinquantaine de femmes. Le premier homme ayant volé dans l'espace est le soviétique Youri Gagarine en 1961 et la première femme est Valentina Terechkova, deux ans plus tard, en 1963. Les termes **cosmonaute**, **taïkonaute** ou **spationaute** sont couramment utilisés pour désigner respectivement les astronautes russes ou soviétiques, chinois et français.

Bruce McCandless II est le premier astronaute américain à réaliser une sortie extravéhiculaire libre.

Historique [modifier | modifier le code]

Règne des pilotes militaires [modifier | modifier le code]

Au début de l'ère spatiale dans les années 1960, les États-Unis comme l'Union soviétique sélectionnent leurs astronautes parmi les pilotes d'avions de chasse : ceux-ci sont habitués aux fortes accélérations qui caractérisent les premières missions ainsi qu'aux situations de stress et de désorientation spatiale. Les premiers astronautes américains, recrutés pour le programme Mercury, doivent être diplômés d'une université et d'une école de pilote d'essai, avoir une expérience du vol sur avion à réaction et plus de 1 500 heures de vol à leur actif, avoir moins de 40 ans, mesurer moins de 1,81 mètre et être en bonne condition physique[1]. Les autorités soviétiques recrutent des pilotes plus jeunes car leurs vaisseaux spatiaux sont complètement automatisés et le rôle du cosmonaute est théoriquement limité à celui d'observateur. Youri Gagarine, qui effectue le premier vol dans l'espace, dispose de commandes manuelles qui sont verrouillées et il doit théoriquement demander un code au contrôle au sol pour pouvoir y accéder[2]. Les premiers candidats soviétiques doivent avoir entre 25 et 30 ans et

Youri Gagarine, premier homme dans l'espace.

D'après Wikipédia (au 30/07/24) : https://fr.wikipedia.org/wiki/Astronaute

Constater la complexité de cet article qui n'est pas à destination des élèves. Remarquer toutefois les éléments structurels identiques à l'article sur Vikidia. Pour **rebrasser les connaissances**, demander aux élèves de retrouver les deux éléments spécifiques d'un article en ligne découverts lors de la séance précédente : le bandeau (à gauche) et les onglets (en haut). Ces réinvestissements sont autant d'occasions pour consolider le lexique sur les organisateurs textuels.

• Proposer aux élèves de **visionner une vidéo** retraçant la vie de Neil Armstrong et sa formation en tant qu'astronaute : « Neil Armstrong », TV5 Monde, Quelle histoire Éditions (5'39) : https://urlz.fr/ncZq

Il est souhaitable que les élèves voient un article Wikipédia, même si cette encyclopédie collaborative en ligne peut se révéler compliquée à lire pour eux. Il ne s'agit pas d'en lire le contenu mais de constater que la structure est identique à celle d'un article Vikidia. Comme pour les encyclopédies papier, on incitera les élèves à utiliser des documents en ligne à leur portée, destinés à de jeunes lecteurs (8-13 ans).

épisode 2

Utiliser deux manières de lire : lecture survol et lecture linéaire

Ce que vos élèves devront avoir retenu à la fin de l'épisode :
Pour lire de manière efficace les articles d'encyclopédie en ligne, il faut faire :
– une lecture **survol** pour prendre connaissance des blocs de l'article ;
– une lecture **linéaire**, comme un roman, du ou des blocs choisis.

Durée : 1 h 15.

Matériel
Diaporama « Utiliser deux manières de lire » (https://urlz.fr/qRGd).
Une ardoise ou un cahier d'essais par élève.

- Étape 1 : Vidéo « 1 jour, 1 question, Comment vit-on dans une station spatiale ? » (https://urlz.fr/8GUA).
  Les images pour apprendre le vocabulaire.
- Étape 3 : L'article « Astronaute » de l'encyclopédie Wikimini et la liste numérotée des organisateurs textuels (format collectif).
- Étape 4 : La pièce du puzzle de la démarche : 1. Ce que je cherche.
  La fiche élève avec la question : « Comment les astronautes font-ils pour se nourrir ? ».
  Les réponses de trois élèves virtuels (format collectif).
  Les stratégies utilisées par ces trois élèves pour répondre (format collectif).
- Étape 5 : Le quiz pour faire le bilan (format collectif + format individuel).
  Les engrenages de synthèse.

1 Accroitre ses connaissances et apprendre du vocabulaire pour mieux comprendre ⏱ 10 min

Ce temps d'apprentissage peut être mené de manière décrochée. Toutefois, il doit obligatoirement précéder l'étape 4 car il permet de mieux comprendre le prochain article d'encyclopédie en ligne à lire.

• Pour commencer, **demander** brièvement aux élèves ce qu'ils ont retenu sur le métier d'astronaute. Puis compléter leurs connaissances en faisant **visionner la vidéo** : « 1 jour, 1 question, Comment vit-on dans une station spatiale ? » (1'42).
• Puis **apprendre et réviser le vocabulaire**. Projeter l'image représentant **l'apesanteur**.

© iStock

Que représente cette image ?

Valider ou invalider les propositions des élèves.

L'apesanteur est l'absence de poids. La Terre n'exerce plus sa force d'attraction. On dit aussi « l'impesanteur ».

• Afficher ensuite l'image pour figurer un **sachet contenant de l'eau** et suivre la démarche habituelle.

© iStock

• Passer ensuite à la **révision** du lexique appris précédemment : « astronaute » et « combinaison spatiale ».
• Montrer à nouveau chaque image en invitant les élèves à prononcer l'expression ou le mot appris.

Ce travail est prévu à l'oral. Il est aussi possible de demander aux élèves une réponse individuelle sur l'ardoise. Maintenir un rythme rapide.

2 Faire un rappel de l'épisode 1 et présenter le nouvel objectif ⏱ 5 min

Ce temps, très bref, permet de remobiliser rapidement les acquis de l'épisode précédent et de présenter l'objectif du travail à venir.

• **Rebrasser** les connaissances acquises.

Qu'avez-vous retenu sur la manière de lire stratégiquement un article d'encyclopédie en ligne ?

Relire la trace écrite et/ou les engrenages de synthèse (voir p. 67 et 68).
• **Présenter l'objectif** de ce deuxième épisode : faire son parcours de lecture parmi les blocs de sens d'un texte documentaire.

Aujourd'hui, nous allons apprendre deux manières de lire : survoler le document ou lire un bloc « comme un roman ». Pour cela, il faut savoir identifier les différents éléments d'un article en ligne.

3 Consolider ses connaissances sur le rôle des organisateurs textuels ⏱ 15 min

Les élèves sont amenés à stabiliser leurs acquis de l'épisode précédent.

• **Afficher** la page de l'encyclopédie en ligne Wikimini sur le terme « astronaute » ainsi que la liste numérotée des organisateurs textuels.

Voici un article de l'encyclopédie en ligne Wikimini sur le métier d'astronaute.

1. le titre
2. le sommaire
3. les onglets
4. le bandeau
5. une image et sa légende
6. l'introduction
7. un sous-titre
8. un paragraphe

D'après Wikimini (au 30/07/24) : https://fr.wikimini.org/wiki/Astronaute

• **Montrer et lire** collectivement **la liste** numérotée des organisateurs textuels. **Réviser** leur rôle.

Je vais pointer 4 éléments de cet article en ligne. Au fur et à mesure, vous devrez écrire le numéro de chaque élément sur votre ardoise.

Les co-concepteurs conseillent de prévenir les élèves, avant le démarrage de l'activité, que vous montrerez les 4 éléments à la suite.

• **Montrer à la suite :** le titre ; une image et sa légende ; le sommaire ; un sous-titre. Faire lever les ardoises et procéder à une **correction immédiate**. Valider la suite numérique : 1, 5, 2, 7. Montrer chaque élément et en rappeler la fonction au fur et à mesure de la correction.

• Suivre la même démarche avec une deuxième série :
Montrer à la suite : les onglets ; l'introduction ; un paragraphe ; le bandeau.
Puis valider la suite numérique : 3, 6, 8, 4. Rappeler le rôle de chaque élément.

Maintenir un rythme rapide pour effectuer ce rebrassage.

• Attirer l'attention des élèves sur **une des spécificités de la lecture numérique** :

A-t-on la totalité de l'article sous les yeux ?

Réponse attendue : Non, tout n'apparait pas sur la page.
Valider :

Il faut descendre le curseur vers le bas.

S'assurer que tous les élèves savent ce qu'est le curseur qu'on déplace à l'aide de la souris.

Afficher l'article en ligne et faire dérouler tout le contenu.

- remplir un dossier de candidature, tellement gros qu'il décourage beaucoup de candidats

Enfin, la majorité des astronautes apprennent aussi le pilotage dans l'armée de l'air de leur pays.

Alimentation dans l'espace

Les astronautes consomment des aliments en poudre dans des sachets ou des boites. Pour préparer, ils ajoutent un peu d'eau dans les sachets, puis réchauffent le tout au four à micro-ondes ou chauffe-plats. Les boissons sont contenues dans des sachets équipés d'un embout spécial.

A bord de la station spatiale internationale (l'ISS), il y a des réservoirs d'eau. Ils doivent être ravitaillés depuis la Terre lorsqu'ils sont vides.

Habitat d'un astronaute dans l'espace

Dans l'espace, l'astronaute habite dans la fusée qui l'emmène vers sa destination. Lors de petites excursions dans l'espace, il peut se trouver dans un engin dirigé automatiquement par des ingénieurs sur la Terre.

Lorsqu'ils ont besoin d'aller aux toilettes, une ceinture les retiennent à la cuvette et des puissants courants d'air aspirent les excréments pour qu'ils ne s'envolent pas. Pour la douche, les astronautes se lavent avec des lingettes.

décollage d'une fusée

D'après Wikimini (au 30/07/24) :
https://fr.wikimini.org/wiki/Astronaute

Conserver l'affichage de cet article d'encyclopédie pour l'étape suivante.

4 Découvrir deux lectures complémentaires : lecture survol et lecture linéaire ⏱ 35 min

Trois élèves virtuels ont justifié leur réponse à une question en expliquant leurs procédures. Toutes ces procédures ne se valent pas. Les élèves devront identifier celle qui est la plus fiable.

• **Annoncer** que des élèves de CM1-CM2 ont consulté cette encyclopédie en ligne pour répondre à la question suivante :

Comment les astronautes font-ils pour se nourrir ?

Écrire la question et afficher la pièce de puzzle « 1. Ce que je cherche ». Prévenir les élèves que la question va disparaitre pour vérifier s'ils savent ce qu'ils cherchent (comme dans le module précédent).

> L'intention de lecture est fondamentale pour lire stratégiquement un documentaire.

• **Masquer la question** et demander :

Que doivent chercher ces élèves de CM1-CM2 ?

Écouter les reformulations des élèves puis vérifier en faisant réapparaitre la question avec la pièce de puzzle. En conserver un affichage.

> Cet affichage permet de conserver l'objet de la recherche en fil rouge tout au long de l'épisode.

• **Revenir au début de l'article** « Astronaute » de l'encyclopédie en ligne Wikimini.

Astronaute

« Astronaute » défini et expliqué aux enfants par les enfants.

Un **astronaute** est un scientifique qui voyage dans l'espace. On les appelle aussi **cosmonautes** ou **spationautes**.

Sommaire [masquer]
1 Comment devenir astronaute ?
2 Alimentation dans l'espace
3 Habitat d'un astronaute dans l'espace
4 Astronautes célèbres

Astronaute en apesanteur

Le célèbre astronaute Neil Armstrong

Comment devenir astronaute ?

En Europe, pour devenir astronaute, les critères sont les suivants :

- être un homme ou une femme d'un pays membre de l'Agence spatiale européenne (ESA)
- avoir entre 27 et 37 ans
- mesurer entre 1,53 m et 1,90 m
- être en bonne santé physique et psychique
- parler anglais (le russe étant bienvenu) pour pouvoir partager des missions avec des astronautes de différentes nationalités
- avoir une formation d'ingénieur, médecin ou une autre science
- s'entendre facilement avec les autres pour pouvoir vivre et travailler dans de très petits espaces avec d'autres astronautes
- remplir un dossier de candidature, tellement gros qu'il décourage beaucoup de candidats

Enfin, la majorité des astronautes apprennent aussi le pilotage dans l'armée de l'air de leur pays.

Ce que tu peux faire
Afficher l'article
Discuter de cette page
Voir son historique
Retourner à l'accueil

Rechercher
Rechercher sur Wikimini

Outils
Écrire un nouvel article
Ajouter une image
Pages spéciales
Pages liées
SHARE
Wikichampions du moment
Pages les plus demandées
Modifications récentes

Alerte !

D'après Wikimini (au 30/07/24) : https://fr.wikimini.org/wiki/Astronaute

> **L'enseignant peut mener l'activité avec le diaporama (créé avec le contenu en ligne en juin 2024) ou directement sur le site. Toutefois avec cette dernière option, il devra certainement adapter le contenu du scénario pédagogique à l'article à date, Wikimini étant aussi une encyclopédie collaborative et évolutive.**

Faire prédire la stratégie à utiliser :

Selon vous, comment ont fait ces élèves pour répondre à la question ?
Notez sur votre ardoise le numéro du sous-titre qu'ils ont sélectionné.

> Ce travail de prédiction est fondamental pour rendre les élèves autonomes dans la lecture des textes documentaires.

Mettre en commun puis valider le choix du sous-titre n° 2 « Alimentation dans l'espace ».
Récapituler la stratégie utilisée :
– Lecture survol pour repérer le sommaire
– Lecture du sommaire
– Choix du sous-titre n° 2
– Lecture du paragraphe pour vérifier

• Accéder au paragraphe, le **lire** d'abord individuellement et silencieusement puis à haute voix.

> **Alimentation dans l'espace**
>
> Les astronautes consomment des aliments en poudre dans des sachets ou des boites. Pour préparer, ils ajoutent un peu d'eau dans les sachets, puis réchauffent le tout au four à micro-ondes ou chauffe-plats. Les boissons sont contenues dans des sachets équipés d'un embout spécial.
>
> A bord de la station spatiale internationale (l'ISS), il y a des réservoirs d'eau. Ils doivent être ravitaillés depuis la Terre lorsqu'ils sont vides.

D'après Wikimini : https://fr.wikimini.org/wiki/Astronaute

• Après la lecture, **distribuer la fiche élève** afin que chacun puisse rédiger sa réponse à la question « Comment les astronautes font-ils pour se nourrir ? ».

> Module 2 · Apprendre à lire des articles d'encyclopédie en ligne — Épisode 2 | Utiliser deux manières de lire : lecture survol et lecture linéaire
>
> Prénom : ....
>
> **Comment les astronautes font-ils pour se nourrir ?**
>
> Alimentation dans l'espace
>
> Les astronautes consomment des aliments en poudre dans des sachets ou des boites. Pour préparer, ils ajoutent un peu d'eau dans les sachets, puis réchauffent le tout au four à micro-ondes ou chauffe-plats. Les boissons sont contenues dans des sachets équipés d'un embout spécial.
>
> A bord de la station spatiale internationale (l'ISS), il y a des réservoirs d'eau. Ils doivent être ravitaillés depuis la Terre lorsqu'ils sont vides.

S'assurer de la compréhension de la consigne et laisser un bref temps de travail individuel sur fiche (environ 5 minutes).

Mettre en commun : procéder à un bref retour collectif oral.

• **Afficher** les réponses de trois élèves virtuels de CM1-CM2.

> Ne pas s'attarder sur cette mise en commun. L'intérêt de l'épisode réside dans ce qui suit : les élèves doivent comparer leurs réponses à celles des élèves virtuels.

> Module 2 · Apprendre à lire des articles d'encyclopédie en ligne — Épisode 2 | Utiliser deux manières de lire : lecture survol et lecture linéaire
>
> **Comment les astronautes font-ils pour se nourrir ?**
>
> Élève n° 1 : Ils mangent de la nourriture en purée.
>
> Élève n° 2 : Les astronautes mangent des aliments en poudre qu'ils font réchauffer une fois qu'ils ont rajouté de l'eau.
>
> Élève n° 3 : Pour préparer, ils ajoutent un peu d'eau dans des sachets, puis réchauffent le tout au four à... Non terminé

Faire lire ces réponses à voix haute et demander :

Quelle est la meilleure réponse ?

Laisser un temps de réflexion puis inviter les élèves à **écrire** sur leur ardoise **le numéro** de la réponse qu'ils pensent être la plus juste et de **justifier** leur choix (pourquoi pensent-ils que c'est la meilleure réponse).

> *Avant de valider la meilleure réponse, des co-concepteurs ont laissé un bref temps de mutualisation. Les élèves ont comparé leur réponse avec celle de leur voisin ou de leur ilot puis ils ont décidé d'une réponse collective.*

• **Collecter** les différentes propositions et demander aux élèves d'argumenter leur choix. Si nécessaire, revenir au texte de l'article en ligne.

Valider la réponse n° 2 car l'élève a bien reformulé les éléments du texte et sa réponse est compréhensible.

• Procéder de même pour faire identifier la **moins bonne réponse**.

Réponse attendue : la n° 1 car l'élève n'a pas été assez précis.

Constater que la réponse n° 3 est partielle. Ici, le copier-coller est très couteux en temps et il ne permet pas de répondre en intégrant toutes les informations du texte.

• **Afficher les stratégies** des trois élèves virtuels. Les lire ou les faire lire.

Voici comment chaque élève a procédé.

Les stratégies des trois élèves virtuels pour répondre à cette question sont caractéristiques de ce qui a été observé lors du test passé par 112 élèves. Ceux qui ne se fient qu'à leurs connaissances sont ceux qui vont le plus vite mais qui font le plus d'erreurs.

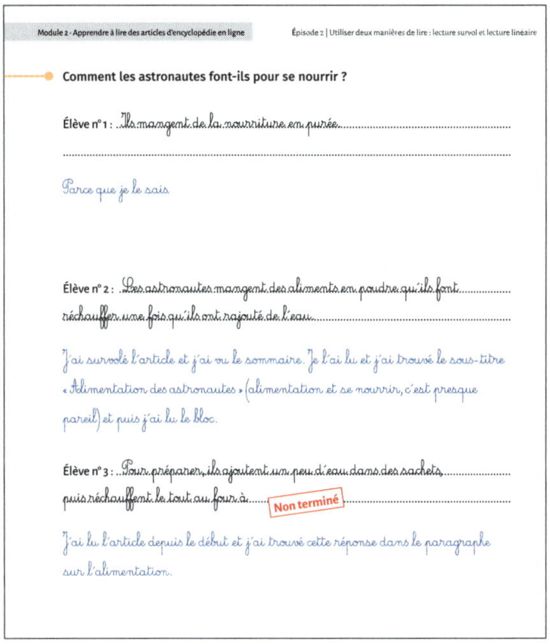

Module 2 · Apprendre à lire des articles d'encyclopédie en ligne | Épisode 2 | Utiliser deux manières de lire : lecture survol et lecture linéaire

Comment les astronautes font-ils pour se nourrir ?

Élève n° 1 : Ils mangent de la nourriture en purée.

Parce que je le sais.

Élève n° 2 : Les astronautes mangent des aliments en poudre qu'ils font réchauffer une fois qu'ils ont rajouté de l'eau.

J'ai survolé l'article et j'ai vu le sommaire. Je l'ai lu et j'ai trouvé le sous-titre « Alimentation des astronautes » (alimentation et se nourrir, c'est presque pareil) et puis j'ai lu le bloc.

Élève n° 3 : Pour préparer, ils ajoutent un peu d'eau dans des sachets, puis réchauffent le tout au four à… Non terminé

J'ai lu l'article depuis le début et j'ai trouvé cette réponse dans le paragraphe sur l'alimentation.

• **Commenter** ces différents parcours de lecture avec les élèves. Préciser, si nécessaire :

– L'élève n° 1 n'a pas fait de parcours de lecture. Il s'est fié à ses connaissances personnelles mais cela ne suffit pas. Il n'a pas vérifié dans le texte ; c'est une source d'erreurs.

– L'élève n° 2 a fait son parcours de lecture. Sa lecture est stratégique : une lecture survol où il a identifié le sommaire, puis il a lu « comme un roman » le bloc qui correspond à sa recherche.

– L'élève n° 3 n'a pas fait de parcours de lecture. Il a lu le documentaire « comme un roman ». Il a perdu beaucoup de temps. C'est probablement pour cela qu'il n'a pas eu le temps de terminer sa réponse.

• **Identifier** la stratégie la plus efficace.

Quelle stratégie permet d'être le plus efficace ?

Expliciter « efficace » : faire une réponse complète, n'oublier aucun élément et répondre dans le temps imparti.

Demander aux élèves de chuchoter la réponse à l'oreille de leur voisin. Recueillir des réponses (notamment auprès des élèves les plus en difficulté) et opter pour la stratégie de l'élève n° 2.

5 Synthétiser ⏱ 10 min

• **Afficher le quiz** et expliquer aux élèves qu'ils vont le renseigner, seuls, sur leur fiche. Après lecture des différentes propositions (expliciter « survol » : regarder rapidement, prendre des indices), laisser un bref temps de travail individuel sur la fiche. Préciser que plusieurs réponses peuvent être cochées.

• **Recueillir les réponses** des élèves. Valider ou invalider : 2 et 4 sont exactes.

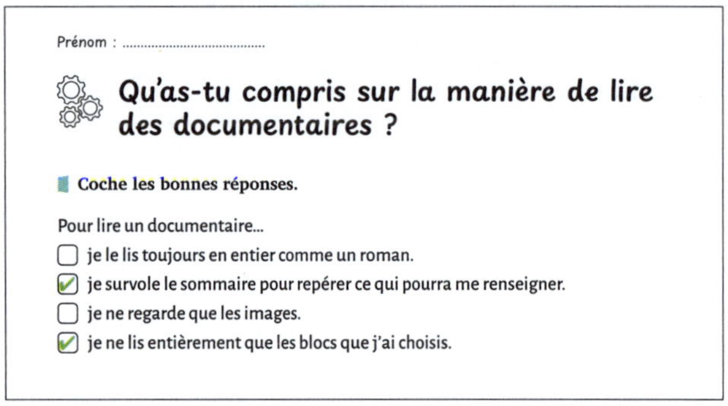

Prénom : ....

Qu'as-tu compris sur la manière de lire des documentaires ?

Coche les bonnes réponses.

Pour lire un documentaire...

- [ ] je le lis toujours en entier comme un roman.
- [x] je survole le sommaire pour repérer ce qui pourra me renseigner.
- [ ] je ne regarde que les images.
- [x] je ne lis entièrement que les blocs que j'ai choisis.

• Demander :

Qu'avons-nous appris sur la manière de lire un article en ligne ?

Faire émerger la **synthèse** suivante :

Aujourd'hui, nous avons appris que...

Pour trouver une information (ce que je cherche) dans un texte documentaire en ligne, je lis de deux manières :
D'abord, je survole la page pour repérer sa structure (les blocs, le sommaire...)
Puis, je choisis de lire un ou plusieurs blocs comme un roman.

• Afficher la **synthèse** sous forme d'engrenages :

Ou faire écrire le texte suivant :

Il existe deux types de lecture :
– Une **lecture survol** du document pour repérer l'information recherchée en s'aidant des blocs, notamment du sommaire.
– Une **lecture linéaire**, comme un roman, des blocs choisis.

L'animation du diaporama permet de cocher/décocher les cases pour valider les propositions.

Des co-concepteurs trouvent que se questionner sur le placement de chaque engrenage donne de la cohérence à l'ensemble du module.

Partie 2
Apprendre à répondre en reformulant

épisode 3

Apprendre à reformuler un paragraphe

Ce que vos élèves devront avoir retenu à la fin de l'épisode :
Pour réussir à **reformuler** un paragraphe, il faut :
– sélectionner les informations les plus importantes par rapport à ce qu'on cherche ;
– utiliser des mots-clés ;
– vérifier que ce qui est reformulé a du sens, que ce sera compris par celui qui va le lire.

Durée : 1 h 45.

Matériel
Diaporama « Apprendre à reformuler » (https://urlz.fr/qRVU).
Une ardoise ou un cahier d'essais par élève.
- Étape 1 : Une affiche vierge.
  Vidéo « La Lune, satellite de la Terre », Les fondamentaux de Canopé (https://urlz.fr/fd3g).
  Les images pour apprendre le vocabulaire.
- Étape 2 : La fiche de révision (format individuel).
  La Learning Apps (https://urlz.fr/8KKk).
- Étape 3 : Les deux pièces du puzzle de la démarche.
  La fiche élève : exercice 1 (format individuel).
  L'article Vikidia sur la Lune (format collectif).
- Étape 4 : L'animation sur la formation de la Lune.
  3 images séquentielles extraites de cette animation (format collectif).
  La fiche élève : exercice 2 (format individuel).
  Les réponses de deux élèves virtuels (format collectif).
- Étape 5 : L'engrenage de synthèse.

Nous conseillons de mener cet épisode en deux séances : tout d'abord les étapes 1 à 3 pour apprendre le lexique, présenter l'objectif et s'entrainer à lire de deux manières ; puis les étapes 4 et 5 pour apprendre à reformuler un paragraphe et faire la synthèse.

1 Enrichir ses connaissances et mettre du vocabulaire en mémoire ⏱ 25 min

Cette première étape est déterminante pour doter les élèves du lexique nécessaire à la reformulation d'un texte sur la naissance de la Lune.

Les co-concepteurs ont noté que les élèves sont très intéressés par ce temps d'apprentissage du vocabulaire sur la Lune.

• Poser la question suivante :
Que savez-vous sur la Lune ?
Demander aux élèves de chuchoter leur réponse à l'oreille de leur voisin.
• **Recueillir** leurs connaissances et **les noter brièvement** sur une affiche ou au tableau, à la manière d'une prise de notes.

Si cette étape est menée en décroché, opter pour une prise de notes sur affiche afin de garder trace des connaissances des élèves avant de les confronter à celles de l'article.

• Proposer aux élèves de **compléter** leurs connaissances sur la Lune en visionnant **la vidéo** « La Lune, satellite de la Terre », Les Fondamentaux, Canopé (2'16).
Après le visionnage, les interroger :
Que nous apprend cette vidéo sur la Lune ?
Compléter les prises de notes sur l'affiche ou au tableau.

• Passer à la phase d'apprentissage du vocabulaire. Projeter l'image représentant **une collision** entre une planète et un objet céleste.

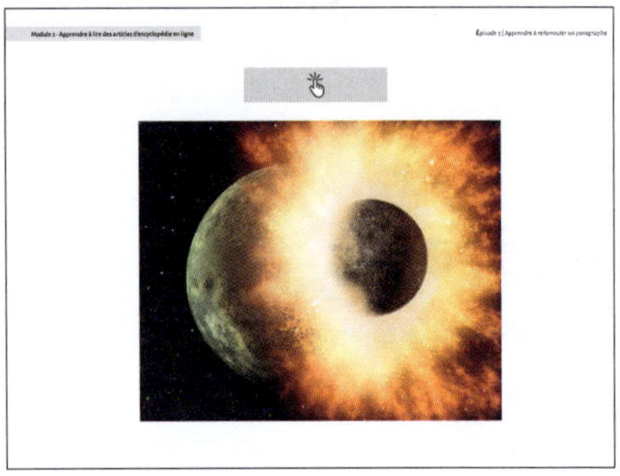

© iStock

Interroger brièvement les élèves pour caractériser l'image :

Que représente cette image ?

Valider ou invalider leurs propositions. Expliquer :

Cette image est une reconstitution. Elle représente **une collision** : un objet céleste percute une planète.

Faire rechercher des synonymes de ce nouveau mot.
Réponses attendues : une collision = un choc, un impact, un télescopage...
• Projeter l'image suivante représentant **des débris** et suivre la même démarche.

Les synonymes permettent d'expliquer, de mieux comprendre le sens et seront utiles lors de la phase de reformulation.

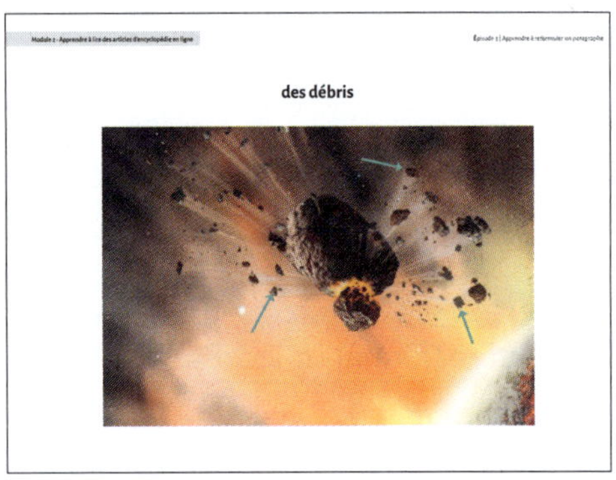

© iStock

On voit **des débris** pulvérisés lors d'une collision.

Faire rechercher des synonymes : des débris = des fragments, des morceaux...

• Afficher ensuite l'image pour figurer **se compacter** (préciser qu'il s'agit d'une reconstitution).

© iStock

Expliquer que, dans l'espace, la gravité permet aux débris de se coller entre eux pour former un bloc : on dit aussi « se compacter ».

• Enfin, projeter l'image permettant d'expliquer ce qu'est une **orbite**.

L'orbite est une courbe fermée représentant la trajectoire d'un objet autour d'un autre objet dans l'espace.

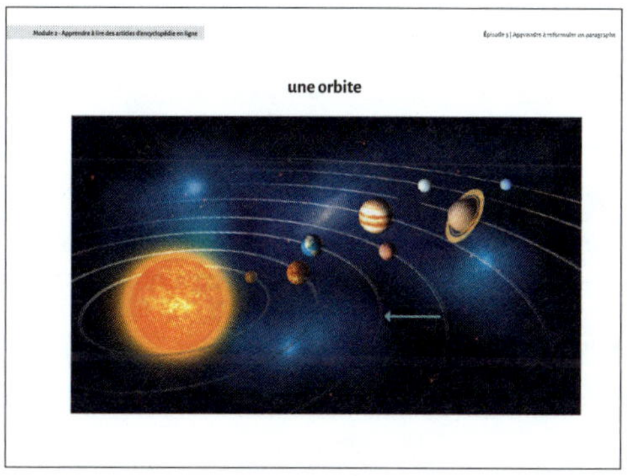

© iStock

• Réviser le mot « apesanteur », qui pourra être utile dans ce module.

2 Faire un rappel de l'épisode 2 et présenter le nouvel objectif ⏱ 10 min

• **Rebrasser** les connaissances acquises.

Qu'avez-vous retenu sur les deux manières de lire un article d'encyclopédie en ligne ?

Relire la trace écrite et/ou les engrenages de synthèse (voir p. 76).

• Proposer un bref travail individuel de rebrassage. Distribuer la fiche de révision et demander aux élèves de réaliser l'exercice.

Module 2 - Apprendre à lire des articles d'encyclopédie en ligne — Épisode 3 | Apprendre à reformuler un paragraphe

Prénom : ....

Numérote dans l'ordre les 4 étapes lorsqu'on cherche une réponse dans un article d'encyclopédie.

N°........ : Je survole la page pour repérer les blocs, trouver le sommaire...

N°........ : Je dois savoir ce que je cherche.

N°........ : Soit j'ai trouvé la réponse, alors je reformule et j'arrête de lire.
Soit je ne trouve pas, alors je recommence la lecture survol.

N°........ : Je lis les blocs que j'ai sélectionnés.

• Pour la mise en commun, **inviter deux élèves** à réaliser l'exercice au tableau. Il est alors possible d'utiliser la Learning Apps (https://urlz.fr/8KKk) qui permet de déplacer les étiquettes pour les remettre dans l'ordre.

Demander :

Êtes-vous d'accord avec les propositions de vos camarades au tableau ?

Faire justifier et interagir avec les élèves (valider, invalider).

Réponse attendue : 2, 1, 4, 3.

• **Présenter l'objectif** de ce troisième épisode :

Aujourd'hui, nous allons nous entrainer à lire de deux manières (lecture survol et lecture linéaire). Nous allons aussi apprendre à répondre à une question en reformulant une partie du texte.

3 S'entrainer à lire de deux manières : lecture survol et lecture linéaire ⏱ 15 min

Cette phase de réinvestissement vise à stabiliser les acquis des épisodes précédents.

• **Annoncer** :

Je vais vous poser une question. Vous devrez trouver la réponse dans un texte documentaire en vous aidant des deux manières de lire : lecture survol et lecture linéaire (comme un roman).
La question est : **Comment la Lune s'est-elle formée ?**

• **Écrire la question** et afficher la pièce de puzzle : 1. Ce que je cherche.
Comme dans les épisodes précédents, masquer la question afin de vérifier que les élèves ont retenu ce qu'ils doivent chercher.

Que devez-vous chercher ?

Valoriser les différentes formulations ; par exemple « Comment la Lune est-elle née ? ». Puis faire réapparaitre la question. En conserver un affichage, comme fil conducteur de la séance.

À ce stade, il est normal que certains élèves oublient de se servir du sommaire. La contrainte de trouver des indices dans deux blocs différents doit leur rappeler de lire d'abord le sommaire (1 bloc) puis de lire un paragraphe (1 autre bloc) et de ne pas lire tout l'article comme un roman.

• Distribuer la fiche d'activité et demander aux élèves de **réaliser** individuellement **l'exercice 1**. Lire collectivement la consigne et s'assurer de sa compréhension par tous. Laisser **5 minutes** de travail individuel.

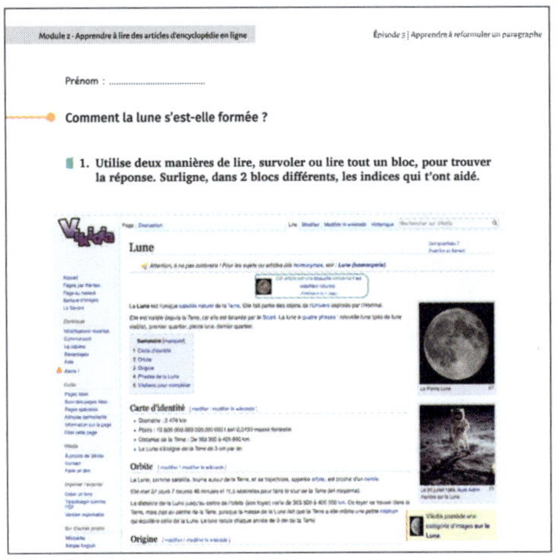

• Pour la mise en commun, **afficher** l'article Vikidia sur la Lune.

Vikidia étant une encyclopédie en ligne contributive, elle est évolutive. Nous fournissons à l'enseignant une version « figée » pour assurer une base de travail. S'il souhaite travailler avec l'article en ligne, il faudra adapter la fiche élève.

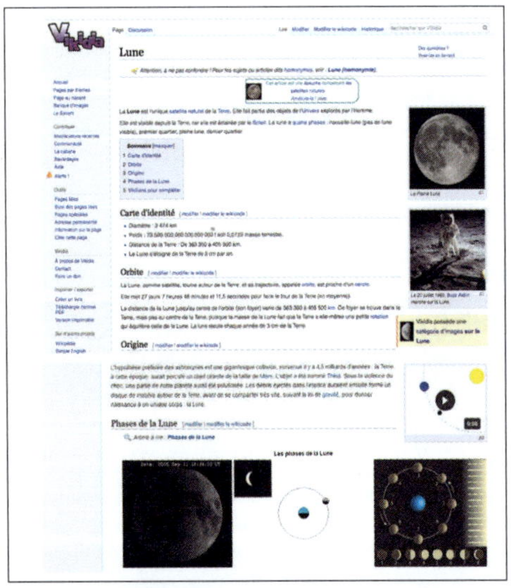

D'après Vikidia (au 30/07/2023) :
https://fr.vikidia.org/wiki/Lune

Faire verbaliser les élèves sur leur manière de procéder. Valider/invalider leurs propositions en retenant la **méthode efficace** :
– Lecture-survol pour repérer le sommaire (1er bloc à lire), lecture du sommaire et choix entre les cinq sous-titres.
– Le sous-titre n° 1 « carte d'identité » peut contenir la réponse ; le n° 3 « Origine » aussi. À la lecture de tous les sous-titres, il semble que le troisième soit le plus probable : on cherche comment la Lune s'est formée, donc son origine.
– Le bloc « Origine » est à lire en entier (2e bloc à lire), « comme un roman », pour vérifier qu'il correspond bien à ce qui est recherché. Lire le paragraphe et constater que c'est bien le cas ; rappeler que si cela n'avait pas été le cas, il aurait fallu revenir au sommaire.

• Afficher la pièce de puzzle « 2. Ce que je sélectionne ». Relire le texte et conclure que tout est important pour répondre à la question.
On attend des élèves qu'ils aient surligné le 3e sous-titre dans le sommaire et un ou plusieurs éléments du bloc sur l'origine de la Lune.

Les élèves auront probablement surligné uniquement « la Lune ». Préciser que c'est bien une lecture de l'ensemble du paragraphe qui permet de valider le choix de ce bloc.

4 Apprendre à reformuler un paragraphe ⏱ 45 min

Les élèves vont apprendre à reformuler un texte de quelques lignes. Ils vont tout d'abord essayer de le reformuler à l'oral, pour leur voisin. Cette phase de préparation à l'écriture est essentielle. Puis, par deux, ils vont produire une reformulation écrite en s'aidant d'images séquentielles. Enfin, ils vont raisonner sur les reformulations de deux élèves virtuels. Ceci permettra de stabiliser les caractéristiques de la reformulation d'un paragraphe.

• **Relire** le paragraphe « Origine » pour comprendre comment la Lune s'est formée. Demander aux élèves de se faire un film dans leur tête ; préciser que ce film sera validé par une animation.
Identifier les différents groupes nominaux du texte pour faciliter la compréhension :
Dans le texte, quel est l'autre nom donné à l'objet céleste ?

Réponse attendue : Théia.

Quel est l'autre nom donné à la Terre ?

Réponse attendue : notre planète.

Que désigne un unique corps ?

Réponse attendue : la Lune.

Dans les documentaires, une même entité est souvent appelée par deux ou trois noms différents. Certains élèves pensent que chaque nom représente une nouvelle entité. Les reprises anaphoriques sont sources de difficultés de compréhension qu'il est important de lever.

Lancer l'animation sur la formation de la Lune afin que les élèves vérifient l'exactitude du film fait dans leur tête. La visionner plusieurs fois.
• Puis **demander** :
Comment la Lune s'est-elle formée ?
Reformulez ce que vous avez compris à l'oreille de votre voisin. Attention ! il est interdit de relire toute une phrase.

Faire travailler par dyades : un élève chuchote à l'oreille de l'autre, puis inverser.
Insister sur l'interdiction de « copier-coller ».
Vérifier les reformulations orales :
Que vous a dit votre voisin ?

Reformuler, ce n'est surtout pas répéter mot pour mot. Nous avons tout de même fait le choix de laisser l'article sous les yeux des élèves pour qu'ils puissent s'y référer. Dans le prochain épisode, le texte sera masqué.

• Préparer le passage à l'écrit en faisant émerger les mots-clés à l'aide de trois images séquentielles issues de la vidéo.
Afficher la première image séquentielle et demander aux élèves d'expliquer ce qu'elle illustre.

Cette phase d'oralisation de l'explication est essentielle avant le passage à l'écrit. Elle permet d'organiser ses idées, de choisir ses mots et de vérifier la compréhension de l'explication par un auditoire. Ne pas hésiter à aider les élèves qui ont des difficultés à verbaliser.

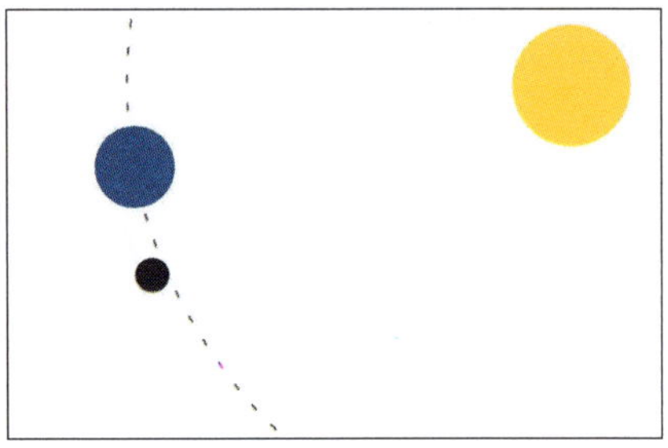

Lors des explications des élèves, **prendre des notes** sous forme de mots-clés, soit sur les images séquentielles, soit au tableau sous l'image ; par exemple : Terre, notre planète, Théia, objet céleste, 4,5 milliards d'années.

Les groupes nominaux qui désignent la même entité sont intéressants à mettre en évidence car les reprises anaphoriques sont très présentes dans les documentaires.

• **Suivre la même démarche** avec la deuxième image séquentielle…

Mots-clés : une collision, des débris.
… et la troisième image séquentielle.

Mots-clés : se compacter, un unique corps, la Lune.

Exemple de prise de notes sur l'image séquentielle 1 :

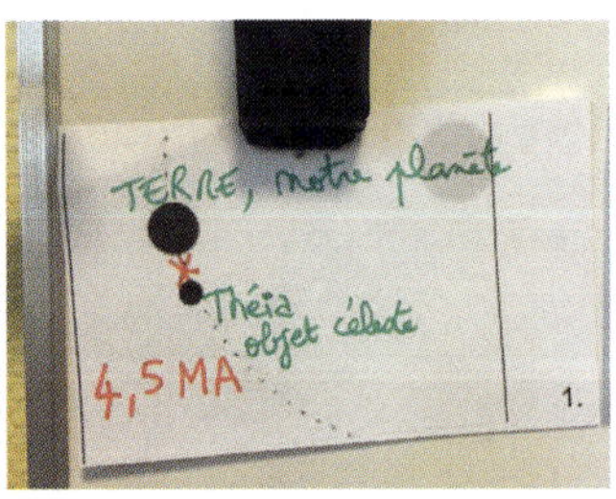

• Demander aux élèves de reprendre leur fiche d'activité et de réaliser l'exercice 2 en binômes.

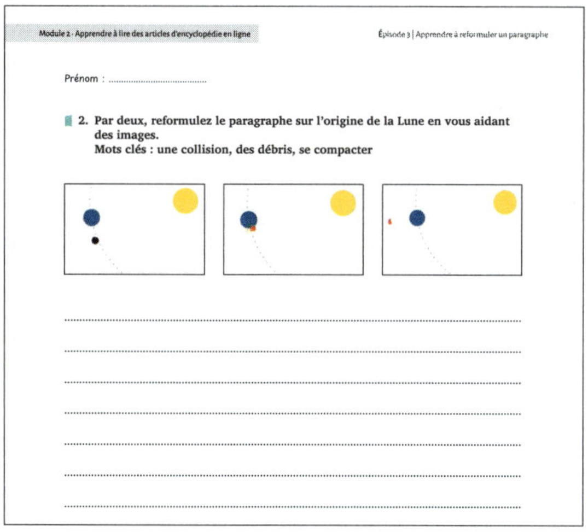

Module 2 · Apprendre à lire des articles d'encyclopédie en ligne — Épisode 3 | Apprendre à reformuler un paragraphe

Prénom : ....

2. Par deux, reformulez le paragraphe sur l'origine de la Lune en vous aidant des images.
Mots clés : une collision, des débris, se compacter

Attirer leur attention sur les trois mots-clés proposés qu'ils doivent obligatoirement utiliser.

Les trois mots proposés obligent à l'utilisation d'un vocabulaire précis. Ils font aussi référence à un exercice scolaire traditionnel (notamment en histoire-géographie ou en sciences) dans lequel l'élève doit écrire un texte à partir des mots de vocabulaire ciblés dans la leçon.
Les élèves pourront aussi utiliser les mots-clés qui ont émergé collectivement ; ils se présentent comme une aide et non comme une contrainte.

Vérifier la compréhension de la consigne et laisser **10 minutes** de travail écrit.

• Lors de la **mise en commun**, faire lire des productions d'élèves. Valider en s'appuyant sur deux critères de réussite :
– l'utilisation des mots-clés ;
– la compréhension du texte rédigé (« Avez-vous compris ? »).

Attirer l'attention des élèves sur les différentes formulations d'une même idée :
L'ont-ils dit de la même manière ? Qu'est-ce qui a changé ?

• **Approfondir** la correction en travaillant sur deux réponses d'élèves virtuels : une erreur typique et une reformulation exemplaire.

Cette phase n'est pas utile si vous avez pu traiter ces cas à l'aide des propositions de vos élèves.

Projeter le travail d'un premier élève virtuel qui a fait un copier-coller intégral.
Voici la réponse d'un élève. Que remarquez-vous ?

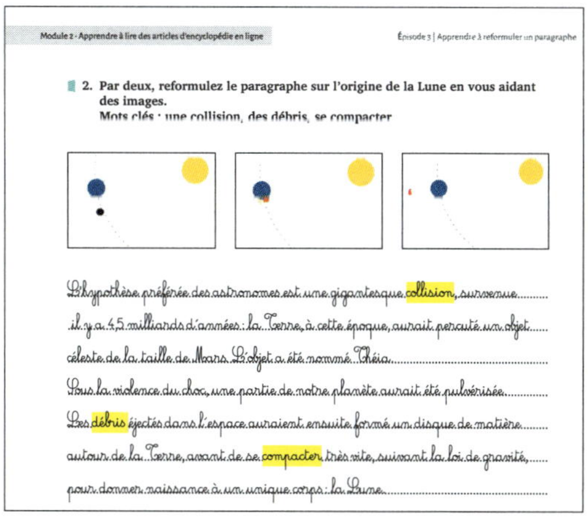

Module 2 · Apprendre à lire des articles d'encyclopédie en ligne — Épisode 3 | Apprendre à reformuler un paragraphe

2. Par deux, reformulez le paragraphe sur l'origine de la Lune en vous aidant des images.
Mots clés : une collision, des débris, se compacter

L'hypothèse préférée des astronomes est une gigantesque collision, survenue il y a 4,5 milliards d'années : la Terre, à cette époque, aurait percuté un objet céleste de la taille de Mars. L'objet a été nommé Théia.
Sous la violence du choc, une partie de notre planète aurait été pulvérisée.
Les débris éjectés dans l'espace auraient ensuite formé un disque de matière autour de la Terre, avant de se compacter très vite, suivant la loi de gravité, pour donner naissance à un unique corps : la Lune.

Réponse attendue : Il y a bien les mots-clés (collision, débris, compacter) mais l'élève n'a pas reformulé : il a recopié le texte, il a fait du copier-coller.

Montrer que le texte est difficile à comprendre et qu'on ne sait pas si l'élève a compris. Faire remarquer que recopier prend du temps : c'est long.

• **Projeter** ensuite le travail de reformulation du deuxième élève virtuel et procéder à l'analyse :
Voici la reformulation d'un autre élève. Que remarquez-vous ?

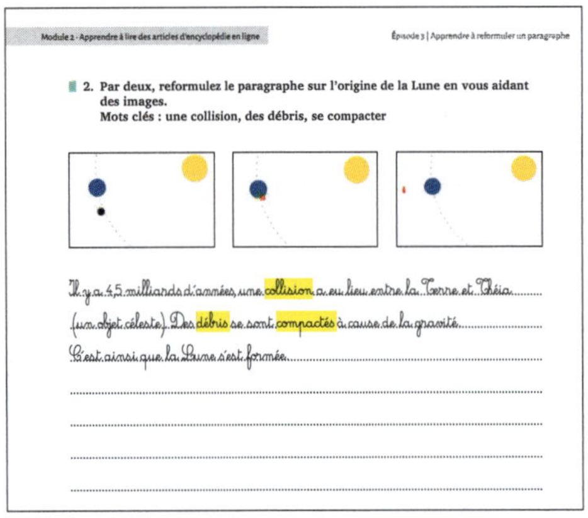
Module 2 · Apprendre à lire des articles d'encyclopédie en ligne

Épisode 3 | Apprendre à reformuler un paragraphe

2. Par deux, reformulez le paragraphe sur l'origine de la Lune en vous aidant des images.
Mots clés : une collision, des débris, se compacter

Il y a 4,5 milliards d'années, une collision a eu lieu entre la Terre et Théia (un objet céleste). Des débris se sont compactés à cause de la gravité. C'est ainsi que la Lune s'est formée.

Réponse attendue : Cet élève a utilisé les mots-clés. Il a sélectionné les informations les plus utiles. Son explication est facile à comprendre. Il a bien reformulé le texte.

5 Synthétiser ⏱ 10 min

• Demander :

Qu'avons-nous appris sur la reformulation d'un paragraphe pour répondre à une question (à ce que je cherche) ?

Faire émerger la **synthèse suivante** :

Aujourd'hui, nous avons appris que...

Pour réussir à reformuler un paragraphe, il faut :
- sélectionner les informations les plus importantes par rapport à ce qu'on cherche ;
- utiliser des mots-clés ;
- vérifier que ce qui est reformulé a du sens, que ce sera compris par celui qui va le lire.

• Afficher la synthèse sous forme d'**engrenage** :

Ou faire écrire le texte suivant :

Pour reformuler un paragraphe en fonction de ce que je cherche :
– je sélectionne les informations importantes, les mots-clés ;
– je vérifie que ce que je reformule a du sens.

Prolongement

• **Visionner une vidéo** sur la naissance de la Lune, issue du centre de développement pédagogique de Laval (https://urlz.fr/ncZj).

épisode 4

Écrire un paragraphe en tenant compte de son destinataire

Ce que vos élèves devront avoir retenu à la fin de l'épisode :
Écrire un paragraphe pour un article d'encyclopédie, c'est :
– tenir compte du destinataire pour donner des informations adaptées ;
– sélectionner les informations les plus importantes pour le destinataire ;
– reformuler, en choisissant un vocabulaire adapté, de manière à être compris.

Durée : 1 h 55.

Matériel
Diaporama « Écrire un paragraphe en tenant compte de son destinataire » (https://urlz.fr/rsM7).
Une ardoise ou un cahier d'essais par élève.

- Étape 1 : Les images pour apprendre le vocabulaire.
  Les étiquettes pour réviser le vocabulaire.
- Étape 2 : Une affiche vierge.
  Vidéo de la visite virtuelle de l'ISS par Thomas Pesquet (https://urlz.fr/rx4s).
- Étape 3 : Les pièces du puzzle de la démarche.
  L'article avec caches « La vie à bord de l'ISS », d'après *Le Petit Quotidien* (format collectif).
  3 articles sur la vie dans l'espace issus du site de l'ESA Kids (format collectif).
  La fiche élève « Se nourrir dans l'espace » : exercice 1 (format individuel).
  La fiche élève « La toilette » : exercice 1 (format individuel).
  Deux affiches vierges.
- Étape 4 : La fiche élève « Se nourrir dans l'espace » : exercice 2 (format individuel).
  La fiche élève « La toilette » : exercice 2 (format individuel).
- Étape 6 : L'auto-évaluation de fin de module.

Nous conseillons de mener cet épisode en deux séances : tout d'abord les étapes 1 à 3 pour apprendre le lexique, présenter l'objectif et sélectionner des informations ; puis les étapes 4 à 6 pour rédiger le paragraphe, faire la synthèse et s'auto-évaluer.

1 Apprendre du vocabulaire pour mieux comprendre ⏱ 15 min

Le lexique appris sera utilisé dans la production d'écrit de l'étape 3.

• Suivre la démarche habituelle d'enseignement du lexique. Projeter l'image représentant des **aliments lyophilisés**.

© iStock

Expliquer :

Des aliments lyophilisés sont des aliments déshydratés : on a retiré toute l'eau qu'ils contiennent pour les réduire en poudre et les conserver. Il faut ajouter de l'eau chaude pour pouvoir les consommer.

Pour que ce soit plus concret, citer en exemple une célèbre purée.

• Puis afficher l'image pour figurer un **encas**.

© iStock

• Enfin, montrer l'image des **aliments réfrigérés**.

© iStock

Des aliments réfrigérés sont des aliments conservés au froid, dans un réfrigérateur (frigo).

• **Réviser** les mots précédemment appris dans ce module grâce à des devinettes. **Afficher** les mots numérotés de 1 à 6 puis **énoncer** une devinette ; par exemple :

Je suis un choc, un télescopage entre deux objets.

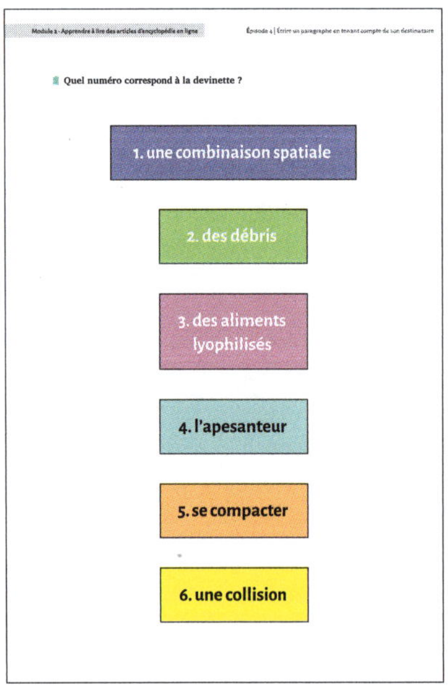

Inviter les élèves à **écrire** la réponse sur leur ardoise.
Réponse attendue : 6. une collision.
• Proposer une devinette pour les cinq autres mots ; par exemple :
– « Nous sommes des fragments, des morceaux. »
Réponse attendue : 2. des débris.
– « Je suis l'action de se resserrer, de se compresser. »
Réponse attendue : 5. se compacter.
– « Aliments dans lesquels il faut mettre de l'eau chaude afin de pouvoir les consommer. »
Réponse attendue : 3. des aliments lyophilisés.
– « C'est l'absence de pesanteur. »
Réponse attendue : 4. l'apesanteur.
– « C'est le vêtement porté par les astronautes. »
Réponse attendue : 1. une combinaison spatiale.

Il est aussi possible de demander aux élèves d'**inventer** une devinette pour chacun de ces 5 mots.

2 Présenter l'objectif de l'épisode 4 ⏱ 10 min

• **Annoncer** l'activité à venir et **recueillir** les connaissances des élèves à ce sujet :

Nous allons écrire un article d'encyclopédie sur la vie à bord de la station spatiale internationale (ISS). Que savez-vous à ce sujet ?
Chuchotez à l'oreille de votre voisin.

Laisser les élèves échanger en binômes puis recueillir leurs connaissances. **Noter** leurs propositions sur une affiche en prise de notes.
• **Compléter leurs connaissances** grâce à la visite virtuelle de l'ISS par Thomas Pesquet, en vidéo (6'10) : https://urlz.fr/rAGj.
• **Revenir brièvement** sur les propositions des élèves afin de les valider/invalider, compléter.
• **Annoncer l'objectif** de cet épisode :

Grâce à tout ce que nous avons appris, nous allons reformuler les informations essentielles pour créer notre article d'encyclopédie.

3 Lire et sélectionner des informations en fonction du destinataire ⏱ 40 min

Les élèves doivent prendre conscience de l'importance du destinataire et de son impact sur l'article à écrire. Ils veilleront à bien sélectionner les informations et à utiliser un vocabulaire adéquat afin d'être compris.

• Afficher le documentaire « La vie à bord de l'ISS », dont deux textes sont masqués, et demander :

Voici un documentaire pour des enfants sur la vie à bord de l'ISS. Il manque deux textes : nous y reviendrons ensuite.
Quels sujets Thomas Pesquet a-t-il abordés dans la vidéo ?

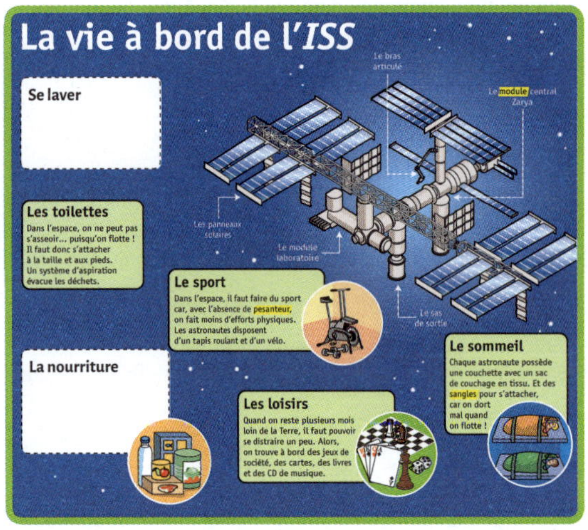

D'après *Le Petit Quotidien* :
https://lepetitquotidien.playbacpresse.fr/exposes-detail/lepq/la-vie-a-bord-de-liss.

Écouter les réponses des élèves et valider que cinq sujets ont été abordés par Thomas Pesquet dans sa vidéo (les toilettes, la nourriture, le sport, les loisirs et le sommeil). En revanche, il ne parle pas de « se laver ».

• Poursuivre en leur faisant prendre conscience de leur stratégie de lecture :

Comment avez-vous fait pour trouver rapidement la réponse ?

Je ne l'ai pas lu, j'ai lu juste les sous-titres. (Zacharia, CM2).
Il a survolé ! (Aliya, CM2)

Confirmer que, pour être efficace, il fallait utiliser une **lecture survol**.

Ce type de lecture doit commencer à faire sens chez les élèves.

• **Lire** (ou faire lire) le paragraphe sur le sommeil. Puis faire remarquer l'impact du destinataire sur l'article : faire prendre conscience aux élèves que ce texte a été écrit pour qu'ils le comprennent facilement.

Le texte est-il court ou long ? simple ou compliqué ?

Écouter les remarques des élèves. **Montrer** que, comme ce documentaire s'adresse à des enfants, les paragraphes sont brefs et illustrés, le vocabulaire employé est simple.

Introduire le mot « bref » car il sera repris par la suite.

• **Annoncer** :

Nous allons écrire les deux paragraphes manquants sur « se laver » et « la nourriture » dans l'espace. Pour cela, nous allons lire de nouveaux documents.

• **Afficher** trois articles d'encyclopédie en ligne et **demander** :

De quels documents allons-nous avoir besoin ? Pourquoi ?

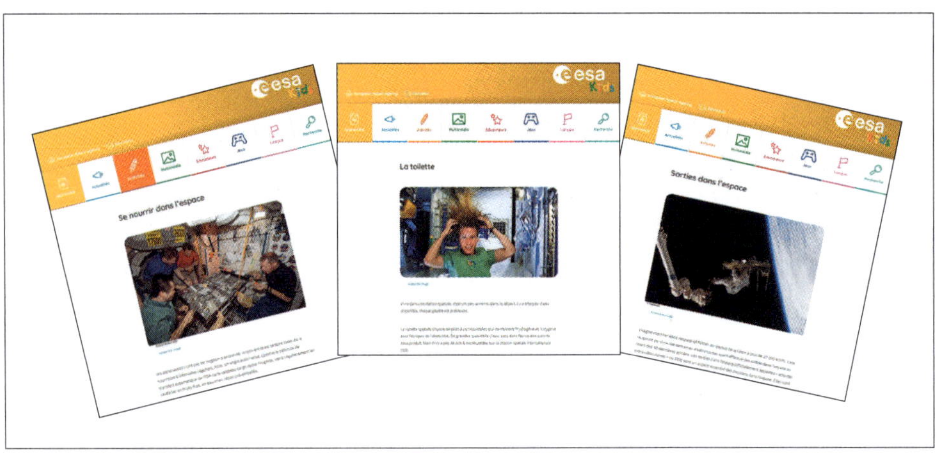

Opter pour « La toilette » et « Se nourrir dans l'espace ».

Bien distinguer le sens du mot « la toilette » qui signifie « se laver », des toilettes.

Faire prendre conscience aux élèves de leur stratégie de lecture :

Avez-vous eu besoin de tout lire pour choisir ?

Mettre en valeur la lecture survol et l'importance des titres en gras.

• Poursuivre sur la **nécessaire adaptation** de ces documents aux destinataires.

Ces documents sont extraits d'une encyclopédie en ligne pour les 12-15 ans. Nous allons les utiliser pour compléter le document sur la vie dans l'ISS. Nous devons donc les adapter pour des lecteurs en CM1-CM2. Nous allons sélectionner les informations importantes et les reformuler. Votre texte devra être compréhensible pour une autre classe de CM1-CM2.

Avec le travail en amont sur le lexique et la vidéo, le texte ne pose pas de problème de compréhension. Le destinataire fictif est une classe de CM1-CM2 qui n'a pas de connaissances sur les astronautes. Tout ce qui est trop complexe devra donc être éliminé.

Faire anticiper l'impact sur le texte : le vocabulaire devra être plus simple et le texte plus court.

• Diviser la classe en deux et **attribuer un thème** à chaque demi-groupe (« la nourriture » ou « la douche »). Distribuer une fiche d'activité par élève, en fonction de son groupe.

Veiller à ce que les élèves côte à côte possèdent le même texte. Ceci facilitera les échanges et le travail d'écriture en étape 4.

• **Afficher** et **lire** la consigne de l'exercice 1 de la fiche d'activité.

Module 2 - Apprendre à lire des articles d'encyclopédie en ligne — Épisode 4 | Écrire un paragraphe en tenant compte de son destinataire

Prénom : ....

1. Lis l'article.
Puis surligne deux informations maximum par paragraphe, intéressantes pour des élèves de CM.

S'assurer de la bonne compréhension de cette consigne ; demander aux élèves de mettre le doigt sur un paragraphe, puis un autre... **Préciser** qu'on ne peut pas surligner un paragraphe entier. Il faut choisir les informations en fonction du destinataire (de celui pour qui on va écrire le texte).

Laisser **10 minutes** pour réaliser la consigne.

La contrainte des deux informations à surligner par paragraphe oblige à faire une sélection. L'article « la toilette » comporte trois paragraphes, soit 6 informations maximum à surligner ; l'article « se nourrir » deux paragraphes, soit 4 informations à surligner. Le texte le plus long est le plus exigeant en termes de sélection d'informations.

• Proposer **un temps d'auto-régulation**. Inviter les élèves à retourner leur fiche ou à en masquer le contenu.

Par deux, vous allez essayer de **reformuler ce que vous avez compris**, sans regarder l'article.

Au préalable, faire un sondage auprès des élèves ; ce codage et l'expliquer par une démonstration :

Si vous êtes sûrs d'arriver à reformuler, levez votre main doigts écartés.

Si vous n'êtes pas vraiment sûrs, levez votre main poing serré.

Si vous n'êtes pas sûrs du tout, laissez tomber votre main.

Cette prise de conscience par les élèves de leur confiance dans la compréhension du texte est fondamentale.

1, 2, 3, levez !

Observer les mains des élèves et poursuivre :

Si vous avez choisi « poing serré » ou « main tombante », retournez la feuille pour avoir l'article sous les yeux.

Laisser le temps aux élèves concernés de **reprendre leur fiche** puis dire :

Par deux, à tour de rôle, l'un essaie de **reformuler ce qu'il a compris** ; l'autre peut rectifier, compléter.

Ce temps d'oralisation permet de préparer l'écriture : synthétiser ce qu'on a compris, organiser son propos afin d'être compris. **C'est une phase cruciale.**

• **Mettre en commun**. Demander :

Que vous a dit votre voisin ?

Conserver une trace des réponses des élèves, sous forme de prise de notes, sur une affiche (ou au tableau). Cette trace **constitue un réservoir de mots** par thématique et sera une aide à l'écriture du texte en étape 4.
Exemple de réservoir de mots pour « Se nourrir » : aliments lyophilisés, 100 plats, encas, plats en sauce.
Exemple pour « La toilette » : serviettes savonneuses, urine recyclée, chasse d'air, eau amenée de la Terre.

4 Rédiger son paragraphe en fonction de son destinataire ⏱ 30 min

• **Afficher** et **lire** la consigne de l'exercice 2 de la fiche d'activité.

> Module 2 · Apprendre à lire des articles d'encyclopédie en ligne — Épisode 4 | Écrire un paragraphe en tenant compte de son destinataire
>
> Prénom : ....
>
> **2. Écris un paragraphe bref et compréhensible pour des élèves de CM.**
>
> La nourriture
>
> ....
> ....
> ....
> ....
> ....
> ....
> ....

S'assurer de la bonne compréhension de cette consigne et préciser les aides dont disposent les élèves : l'affiche sur la vidéo de Thomas Pesquet (étape 2), les réservoirs de mots et leur texte surligné (étape 3).
Les élèves travaillent seuls ou en binômes. Leur laisser **20 minutes** maximum.
• Lors de la **mise en commun**, inviter des élèves volontaires à **lire** leur paragraphe.
Demander au reste de la classe d'**évaluer** les textes selon **deux critères** de réussite :
– Le texte doit être compréhensible.
– Il doit être simple car il est destiné à des élèves qui n'ont pas de connaissances sur les astronautes.
Faire interagir les élèves selon ces deux critères.

La rédaction du paragraphe ne vise pas l'exhaustivité. C'est être **bref** et **compréhensible** qui importe ici.

« Il s'agit, pour les producteurs du texte, de constater les effets de sens produits par leurs discours. La réponse aux interrogations et l'intégration des remarques permettent d'améliorer le texte explicatif initialement produit. » (Garcia-Debanc, 1988)

5 Synthétiser ⏱ 10 min

• **Demander** :

Qu'avons-nous appris pour écrire un paragraphe en tenant compte de son destinataire ?

Faire émerger la **synthèse suivante** :

Aujourd'hui, nous avons appris que...

Pour écrire un paragraphe, il faut :

- chercher les informations adaptées à celui pour qui j'écris ; 

- sélectionner uniquement les plus intéressantes ; 

- reformuler ces informations avec mes propres mots pour qu'elles soient compréhensibles par mon destinataire.

L'épisode 4 étant un entrainement, il n'y a pas de nouvelles stratégies apprises, il n'est donc pas nécessaire d'afficher un nouvel engrenage.

6 S'auto-évaluer en fin de module ⏱ 10 min

L'objectif de ce temps d'auto-évaluation est de faire un point sur le degré de maitrise perçu par les élèves sur l'ensemble des compétences travaillées dans le module 2. Il permet aussi, pour les élèves les plus fragiles, de rappeler qu'on ne leur enseigne pas des connaissances sur les astronautes mais bien des stratégies en lecture documentaire.

• **Distribuer** la fiche d'auto-évaluation à chaque élève et la faire **compléter** de manière autonome.

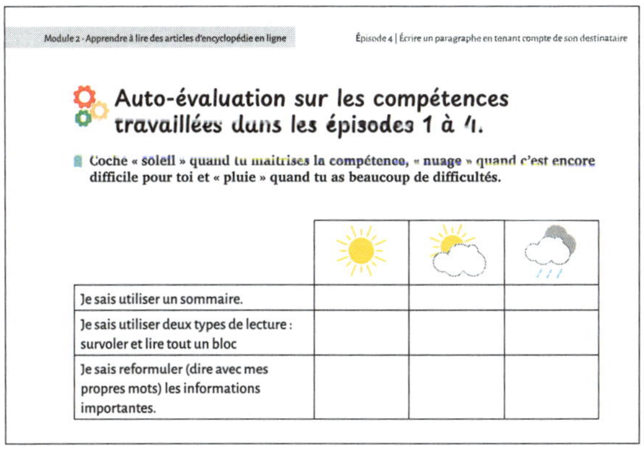
Module 2 · Apprendre à lire des articles d'encyclopédie en ligne

Épisode 4 | Écrire un paragraphe en tenant compte de son destinataire

Auto-évaluation sur les compétences travaillées dans les épisodes 1 à 4.

Coche « soleil » quand tu maitrises la compétence, « nuage » quand c'est encore difficile pour toi et « pluie » quand tu as beaucoup de difficultés.

	soleil	nuage	pluie
Je sais utiliser un sommaire.			
Je sais utiliser deux types de lecture : survoler et lire tout un bloc			
Je sais reformuler (dire avec mes propres mots) les informations importantes.			

• **Procéder** à un rapide bilan : nombre de soleil, nuage, pluie pour chaque item (faire lever les mains, voir p. 57).

• **Conclure** sur les compétences acquises lors de ce module et sur le travail à venir :

Désormais, vous savez lire efficacement des articles d'encyclopédie en ligne. Nous continuerons à utiliser ces compétences dans le prochain module. En plus, vous apprendrez à prendre des notes pour rédiger une explication.

Cette auto-évaluation permet aux élèves de se positionner sur leurs compétences, donc à faire un pas de côté (métacognition). Elle donne aussi à voir aux enseignants le degré de maitrise déclaré par les élèves. Si tout n'est pas acquis, ce n'est pas un problème car les compétences évaluées seront de nouveau entrainées au module 3.

module 3

Apprendre à prendre des notes pour rédiger une explication

objectif du module 3

Apprendre à prendre des notes, à l'aide d'aide-mémoires, pour rédiger une explication.

plan du module 3

Partie 1 • Apprendre à prendre des notes

Épisode 1. Rédiger des aide-mémoires pour répondre à une question

Épisode 2. Prendre des notes et les utiliser pour répondre à une question

Partie 2 • Rédiger une explication

Épisode 3. Mettre en lien les aide-mémoires : faire des déductions

Épisode 4. Rédiger une explication avec des liens logiques

matériel

affichages collectifs	*fiches individuelles à photocopier*
Partie 1	
– Les images pour apprendre le vocabulaire. – Les pièces de puzzle de la démarche. – Vidéo « L'atmosphère terrestre et l'effet de serre », Les fondamentaux, Canopé. – L'article Wikimini « La Terre, une planète habitable », parties 1 et 2. – Les aide-mémoires rédigés par des élèves virtuels. – Le quiz pour faire le bilan. – La fiche d'activité « Pourquoi la Terre est une planète habitable ? ». – Les engrenages de synthèse. – Les aide-mémoires de l'élève virtuelle Maelline. – La réponse rédigée de cette élève virtuelle. – La réponse rédigée de Maelline à compléter. – Vidéo « 1 jour, 1 question, C'est quoi une étoile filante ? ». – L'article « Les météorites » du site ESA Kids. – Vidéo « 1 jour, 1 question, C'est quoi une météorite ? ».	– Le paragraphe « La Terre et son atmosphère » extrait de l'article Wikimini « La Terre, une planète habitable ». – Le quiz pour faire le bilan. – La fiche élève « Pourquoi la Terre est une planète habitable ? ». – L'article « Les météorites » du site ESA Kids. – La fiche élève « Les météorites sont-elles dangereuses ? ».
Partie 2	
– Les images pour apprendre le vocabulaire. – Les pièces de puzzle de la démarche. – Vidéo « Thomas Pesquet : de l'ISS à Mars », Cité de l'espace. – Extrait de la vidéo « La Terre : la planète bleue », Les fondamentaux, Canopé (facultatif). – Le quiz pour faire le bilan. – Les engrenages de synthèse. – Vidéo « Le système solaire », ESA Kids. – Les aide-mémoires de Paxi. – L'article sur Vénus du site ESA Kids. – Vidéo « Quelles différences entre la Terre et Vénus ? ». – Deux textes à trous à compléter.	– L'article « Mars, la planète rouge » du site ESA Kids. – La fiche élève « La vie est-elle possible sur Mars ? ». – 4 aide-mémoires rédigés par des élèves virtuels. – Le quiz pour faire le bilan. – L'article sur Vénus du site ESA Kids. – La fiche élève « La vie sur Vénus est impossible. Pourquoi ? ». – L'auto-évaluation de fin de module.

Partie 1
Apprendre à prendre des notes

épisode 1

Rédiger des aide-mémoires pour répondre à une question

Ce que vos élèves devront avoir retenu à la fin de l'épisode :
Les aide-mémoires sont comme des Post-it.
Pour répondre à une question, les lecteurs efficaces mettent des Post-it « dans leur tête », au fur et à mesure de leur lecture. Ainsi, ils mémorisent les informations utiles et n'ont plus besoin de relire tout le texte.

Durée : 1h50, à organiser en plusieurs séances.

Matériel
Diaporama « Rédiger des aide-mémoires » (https://vu.fr/CsCup).
Une ardoise ou un cahier d'essais par élève.

- Étape 2 : Les images pour apprendre le vocabulaire.
  Vidéo « L'atmosphère terrestre et l'effet de serre », Les fondamentaux, Canopé (https://urlz.fr/rzno).
- Étape 3 : Une affiche vierge.
  Les pièces de puzzle (1 et 2) de la démarche.
  L'article Wikimini « La Terre, une planète habitable », parties 1 et 2 (format collectif).
  Le paragraphe « La Terre et son atmosphère » extrait de l'article Wikimini (format individuel).
  Les aide-mémoires rédigés par des élèves virtuels (format collectif).
  Le quiz pour faire le bilan (format collectif + individuel).
- Étape 4 : La fiche élève « Pourquoi la Terre est une planète habitable ? » (format collectif + individuel).
- Étape 5 : Les engrenages de synthèse.

Nous conseillons de mener cet épisode en deux séances : tout d'abord les étapes 1 à 3 pour annoncer les objectifs, préparer la lecture de l'article et déterminer les critères de réussite d'un aide-mémoire ; puis les étapes 4 et 5 pour apprendre à rédiger un aide-mémoire en autonomie et faire la synthèse.

1 Présenter l'objectif général et celui de l'épisode 1 ⏱ 5 min

• Annoncer :

Au collège, vous devrez savoir prendre des notes, puis vous servir de vos notes pour rédiger une explication. C'est ce que vous allez apprendre à faire dans ce module.

Puis :

Aujourd'hui, nous allons apprendre à écrire des aide-mémoires pour répondre à des questions sans avoir à relire tout le texte documentaire. Ces aide-mémoires nous permettront de retenir les informations essentielles.

Les lecteurs efficaces se souviennent de ce qu'ils ont lu pour ne pas avoir à relire le texte à chaque question de compréhension. Lors de notre test passé auprès de 112 élèves, cette stratégie de rétention fait la différence entre les lecteurs efficaces et ceux qui ne le sont pas. *Des co-concepteurs préfèrent appeler les aide-mémoires des « Post-it ».*

2 Apprendre du vocabulaire et accroitre ses connaissances ⏱ 15 min

• Au préalable, **expliquer** aux élèves qu'ils vont travailler sur l'exploration du système solaire. La prochaine question à laquelle ils devront répondre et le prochain documentaire à lire porteront sur la planète Terre.

Apprenons du vocabulaire pour mieux comprendre le prochain texte documentaire.

L'apprentissage du lexique peut être fait à un autre moment dans l'emploi du temps, à condition qu'il précède l'étape 3.

• Suivre la démarche habituelle d'enseignement du lexique. **Afficher** la représentation du système solaire et interroger brièvement les élèves pour caractériser l'image. Expliquer qu'il s'agit du **système solaire**, composé de 8 planètes : Mercure, Venus, Terre, Mars, Jupiter, Saturne, Uranus, Neptune.

Pour se souvenir de l'ordre des planètes, on peut s'aider de phrases mnémotechniques, comme « MERCredi, Viendras-Tu MAnger avec Jean Sur Une Nappe ? »

© iStock

• Puis afficher le schéma représentant **la Terre, l'espace** et **l'atmosphère**. Faire identifier l'espace et la Terre et porter davantage l'attention des élèves sur l'atmosphère car cette caractéristique servira pour le reste de la séance.

L'atmosphère est un nom formé à partir de deux mots grecs : « atmos » qui signifie « vapeur » et « sphaira » qui signifie « sphère ». D'après son étymologie, ce mot signifie donc « la sphère de vapeur ».

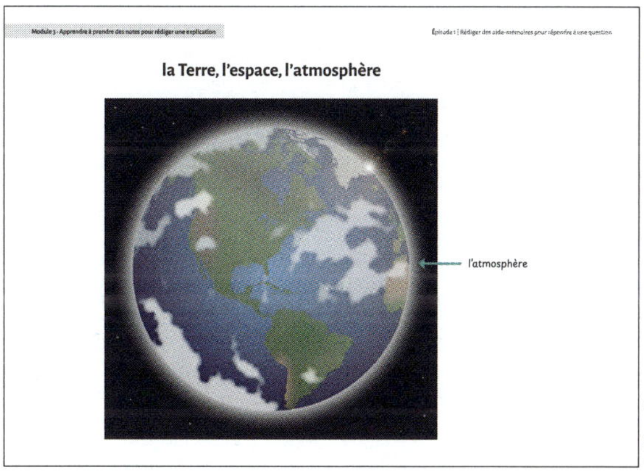

© iStock

• Faire lire l'explication sur l'expression **la planète bleue.** Expliquer que la Terre est appelée « planète bleue » car l'eau occupe 70 % de sa surface.

© iStock

• Enfin, afficher l'image représentant **l'altitude**. Expliquer que l'altitude, c'est la hauteur d'un lieu par rapport au niveau de la mer. Par exemple, la plus haute montagne est le mont Everest avec une hauteur de plus de 8 000 mètres. On dit qu'il fait « 8 000 mètres d'altitude ».

© iStock

• **Compléter les connaissances** des élèves en visionnant la vidéo sur « L'atmosphère terrestre et l'effet de serre », Les fondamentaux, Canopé (2'13) : https://urlz.fr/rzno.
Après le visionnage, **demander** aux élèves ce qu'ils ont appris.
Faire émerger les informations suivantes :
L'atmosphère est composée d'air et de gaz. Son épaisseur est de 500 km. Elle permet aux êtres vivants de respirer. Elle les protège des rayons dangereux du soleil et des désintégrations de météorites. Elle joue un rôle dans l'effet de serre qui est malheureusement aggravé par la pollution.

La notion « d'atmosphère » sera développée dans le texte documentaire à lire. Cette vidéo vise à doter tous les élèves des connaissances nécessaires. Vous choisirez d'en conserver, ou non, une trace écrite.

3 Découvrir la fonction des aide-mémoires 45 min

Les élèves vont identifier les caractéristiques d'un aide-mémoire à partir des travaux d'élèves virtuels.

Les aide-mémoires ont pour fonction d'aider les élèves à identifier ce qui est utile de se souvenir, par rapport à ce qu'ils cherchent. Le fait d'être synthétique oblige à cibler l'idée-clé. Ce sont les prémices de la prise de notes.

• Annoncer :
D'après nos connaissances scientifiques, la vie n'existe que sur notre planète Terre.
Question : **Pourquoi la Terre est une planète habitable ?**
Une planète habitable est une planète sur laquelle on peut vivre.
Préciser que le « on » désigne les animaux, les humains, les végétaux.

• **Écrire** la question au tableau. Prévenir les élèves que, comme dans le module précédent, la question va être cachée pour qu'ils puissent vérifier qu'ils savent ce qu'ils cherchent.
Masquer la question et leur demander de la reformuler.
Afficher la **pièce de puzzle** « 1. Ce que je cherche ».

Valoriser les différentes formulations : « Pourquoi la Terre est-elle la seule planète où il y a de la vie ? Qu'est-ce qui rend possible la vie sur Terre ? ».
Vérifier en faisant réapparaitre la question ; en conserver un affichage.

Exemple d'affichage relevé lors des tests en classe.

• Demander :

Pourquoi la Terre est une planète habitable ? Quel est votre avis ?

Les élèves chuchotent la réponse à l'oreille de leur voisin. Laisser un bref temps d'échange puis recueillir leurs connaissances. **Lister** sur une affiche, sous forme de **notes,** ce que les élèves tiennent pour vrai, sans valider ou invalider leurs réponses.

Cet affichage sera validé/invalidé tout au long de l'épisode à l'aide de l'article d'encyclopédie.

• Afficher l'article d'encyclopédie Wikimini « La Terre, une planète habitable ».

WIKIMINI
C'est TOI qui l'écris
ACCUEIL ENFANTS ADULTES PROFS FORUM
Bienvenue sur Wikimini !

La Terre, une planète habitable

La Terre est-elle une planète comme les autres ?

Sommaire [masquer]
1 La Terre et son atmosphère
2 La Terre, une planète bleue
3 La position de la Terre dans le système solaire

La Terre et son atmosphère modifier

L'atmosphère est une couche de gaz qui entoure la planète Terre. Elle nous protège des rayons du Soleil. L'atmosphère emprisonne aussi l'oxygène que respirent tous les êtres vivants. Sans l'atmosphère, les rayons du soleil nous brûleraient et nous ne pourrions pas respirer.

L'atmosphère autour de la Terre

L'atmosphère se raréfie en altitude pour disparaître dans l'espace. On ne peut donc plus respirer dans l'espace car l'oxygène n'est plus emprisonné dans l'atmosphère.

Ce que tu peux faire
Afficher l'article
Discuter de cette page
Modifier
Historique
Renommer
Ajouter à ma liste de suivi
Retourner à l'accueil

Rechercher

Outils
Écrire un nouvel article
Ajouter une image
Pages spéciales
Pages liées
Wikichampions du moment
Pages les plus demandées
Modifications récentes

D'après Wikimini (30/06/23) : https://fr.wikimini.org/wiki/La_Terre,_une_planète_habitable

La séance se base sur l'article à la date indiquée. Wikimini étant une encyclopédie en ligne collaborative, l'article aura probablement évolué. Si l'enseignant souhaite projeter l'article en ligne, il faudra qu'il adapte le contenu de sa séance.

• Réinvestir les connaissances des élèves sur l'encyclopédie en ligne en demandant :

Y a-t-il tout l'article sur cette page ?

Faire rappeler une spécificité des encyclopédies en ligne : la nécessité du défilement. Constater que le sommaire indique qu'il y a 3 sous-titres. Seul le premier sous-titre (1. La Terre et son atmosphère) apparait. Les autres nécessitent donc de faire défiler la page pour être visibles.

• Projeter la suite de cet article encyclopédique.

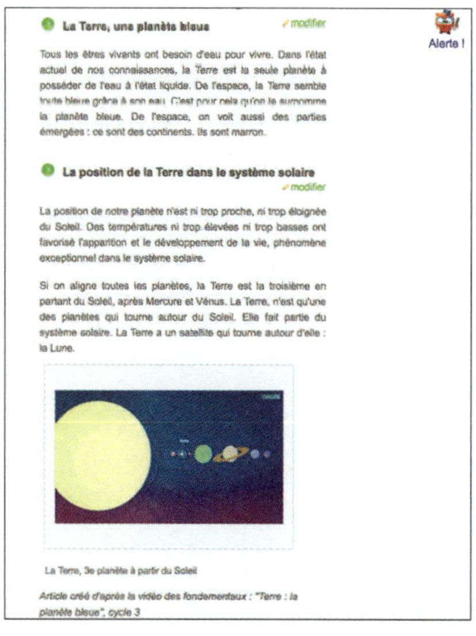
La Terre, une planète bleue modifier

Tous les êtres vivants ont besoin d'eau pour vivre. Dans l'état actuel de nos connaissances, la Terre est la seule planète à posséder de l'eau à l'état liquide. De l'espace, la Terre semble toute bleue grâce à son eau. C'est pour cela qu'on la surnomme la planète bleue. De l'espace, on voit aussi des parties émergées : ce sont des continents. Ils sont marron.

La position de la Terre dans le système solaire modifier

La position de notre planète n'est ni trop proche, ni trop éloignée du Soleil. Des températures ni trop élevées ni trop basses ont favorisé l'apparition et le développement de la vie, phénomène exceptionnel dans le système solaire.

Si on aligne toutes les planètes, la Terre est la troisième en partant du Soleil, après Mercure et Vénus. La Terre, n'est qu'une des planètes qui tourne autour du Soleil. Elle fait partie du système solaire. La Terre a un satellite qui tourne autour d'elle : la Lune.

La Terre, 3e planète à partir du Soleil

Article créé d'après la vidéo des fondamentaux : "Terre : la planète bleue", cycle 3

Alerte !

D'après Wikimini (30/06/23) : https://fr.wikimini.org/wiki/La_Terre,_une_planète_habitable

• Faire **rappeler** la question initiale et **expliquer** l'activité qui va suivre.

Pour répondre à cette question, vous allez lire cet article Wikimini. Pour retenir les informations utiles, vous allez apprendre à utiliser des **aide-mémoires**.

Le rappel de la question initiale profite à tous les élèves mais il est conseillé d'interroger les élèves les plus fragiles.

Préciser que les aide-mémoires sont des Post-it qui permettent de noter les informations importantes du texte.

• Revenir sur le début de l'article Wikimini « La Terre, une planète habitable » et déterminer collectivement les éléments à lire et à ne pas lire :

Lirez-vous le bandeau à droite ?

Valider qu'il est inutile de le lire.

Convenir de commencer par lire le bloc « La Terre et son atmosphère ». Zoomer sur le sous-titre, le paragraphe, l'illustration et la légende afin de centrer l'attention des élèves sur ce bloc.

• Distribuer le texte « La Terre et son atmosphère » aux élèves et leur demander d'en faire une lecture individuelle et silencieuse.

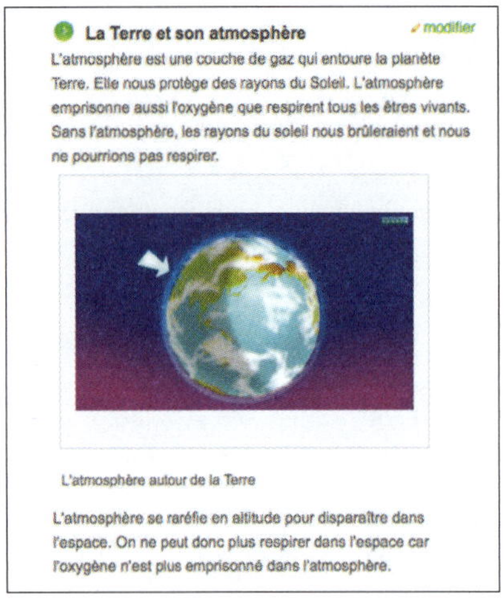

La Terre et son atmosphère ✓ modifier

L'atmosphère est une couche de gaz qui entoure la planète Terre. Elle nous protège des rayons du Soleil. L'atmosphère emprisonne aussi l'oxygène que respirent tous les êtres vivants. Sans l'atmosphère, les rayons du soleil nous brûleraient et nous ne pourrions pas respirer.

L'atmosphère autour de la Terre

L'atmosphère se raréfie en altitude pour disparaître dans l'espace. On ne peut donc plus respirer dans l'espace car l'oxygène n'est plus emprisonné dans l'atmosphère.

Pour l'instant, il n'est pas nécessaire de distribuer du matériel. Les élèves vont travailler sur les aide-mémoires d'élèves virtuels.

Les questionner sur d'éventuelles difficultés lexicales et expliquer les mots qui posent des problèmes de compréhension ; certainement « se **raréfier** » (devenir **rare**).

• Demander aux élèves de **répondre à la question** initiale et de valider ou invalider les hypothèses notées sur une affiche en début d'étape.

Ce texte permet-il de valider/invalider certaines de vos hypothèses ?

Retenir que l'atmosphère, appelée aussi « air », contient de l'oxygène. Elle permet aux êtres vivants de respirer. Comme un bouclier, l'atmosphère nous protège des rayons du Soleil.

Les autres mots ont été étudiés en séance de lexique (étape 2).

• Annoncer :

Des élèves ont créé des aide-mémoires pour se souvenir de ce qui est utile pour répondre à la question « Pourquoi la Terre est-elle une planète habitable ? ».

• **Afficher** les aide-mémoires d'élèves virtuels afin de les observer.

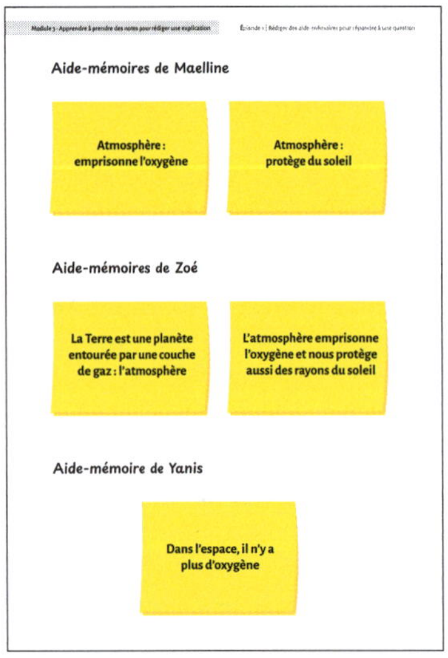

Module 3 · Apprendre à prendre des notes pour rédiger une explication

Aide-mémoires de Maelline

Atmosphère : emprisonne l'oxygène

Atmosphère : protège du soleil

Aide-mémoires de Zoé

La Terre est une planète entourée par une couche de gaz : l'atmosphère

L'atmosphère emprisonne l'oxygène et nous protège aussi des rayons du soleil

Aide-mémoire de Yanis

Dans l'espace, il n'y a plus d'oxygène

Voici les aide-mémoires de trois élèves. Qu'en pensez-vous ?

Faire émerger leurs caractéristiques : certains sont plus brefs que d'autres (une phrase pour certains, une prise de notes pour d'autres).

« Maelline, ça parle du bon sujet et c'est court.
Zoé, c'est trop long ! Elle a fait du copier-coller, elle a recopié !
Yanis n'est pas dans le sujet. » (Keren, CM1)

Entourer les aide-mémoires de Maelline et dire que son enseignant les a choisis car ils ont **deux caractéristiques très importantes :** ils sont **brefs** (pas de phrases copiées-collées) et sélectionnent **ce qui est utile pour répondre à la question**.

Introduire le mot « bref » (court) car il sera utilisé dans les critères de réussite.

• **Valider ces critères de réussite** en montrant les commentaires de l'enseignant de Maelline.
Lire le commentaire puis **lister les critères de réussite d'un aide-mémoire** sur une affiche (ou au tableau) pour conserver une trace écrite. Elle sera utile lors de la pratique autonome à l'étape suivante.

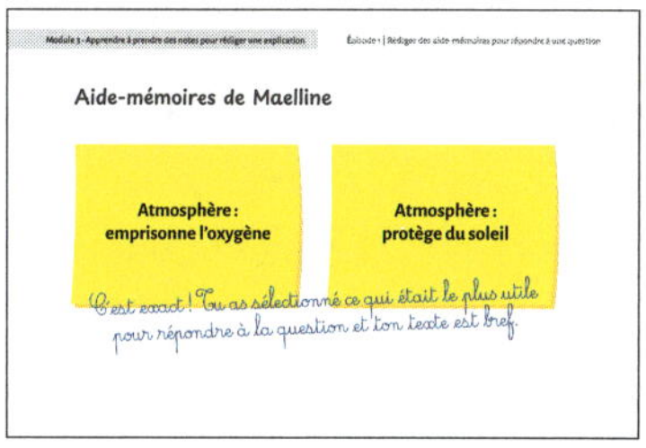

Un aide-mémoire doit :
– être bref ;
– contenir uniquement les mots utiles pour répondre à la question (ce que je cherche).

Depuis leur scolarité à l'école élémentaire, les élèves entendent qu'il faut faire des phrases. Ils seront donc tentés, dans les prochaines séances, de copier-coller des phrases du texte et/ou d'écrire une phrase-réponse sur le Post-it. Les aide-mémoires ne doivent pas être rédigés. En revanche, ils servent d'aide à la préparation de l'écriture.

• **Distribuer le quiz** pour faciliter l'appropriation des caractéristiques d'un aide-mémoire.
Après une lecture collective de la consigne et des différentes propositions, laisser un temps court de travail individuel.
• **Corriger** en cochant les bonnes réponses sur le document affiché ou à l'aide du diaporama (cliquer pour faire apparaitre les coches). Valider ou invalider les propositions des élèves.

Module 3 - Apprendre à prendre des notes pour rédiger une explication — Épisode 1 | Rédiger des aide-mémoires pour répondre à une question

Prénom : ....

Qu'as-tu compris sur la rédaction des aide-mémoires ?

Coche les bonnes réponses.

Sur un aide-mémoire, on écrit :
- ☐ tout le texte.
- ☑ une proposition brève (quelques mots).
- ☐ une phrase-réponse.
- ☑ ce qui est utile pour répondre à la question (ça permet de s'en souvenir).

L'aide-mémoire est très important pour **gagner du temps :** on n'a plus à relire tout le texte (ou juste en survol pour vérifier).
Les lecteurs efficaces mémorisent, au fur et à mesure de leur lecture, les éléments pertinents sans rien noter.
Ces éléments doivent être très brefs car notre cerveau ne peut pas tout mémoriser.

4 Apprendre à écrire des aide-mémoires ⏱ 35 min

Les élèves vont apprendre à rédiger des aide-mémoires. Ce travail difficile nécessite d'être fait d'abord collectivement pour montrer les attendus, puis en autonomie.

• **Rappeler la question initiale** (montrer l'affichage avec la pièce de puzzle « 1. Ce que je cherche ») :

Pourquoi la Terre est-elle une planète habitable ?

Les co-concepteurs ont ajouté une phase de rappel. À la question, ils attendent la réponse : « grâce à l'atmosphère ». Puis ils ajoutent : « Une deuxième chose est importante. Nous allons la découvrir maintenant. »

• **Afficher** le premier exercice de la fiche d'activité et inviter les élèves à lire collectivement le paragraphe « La Terre, une planète bleue ».

Lisons le deuxième sous-titre et le deuxième paragraphe de l'article Wikimini.

Module 3 · Apprendre à prendre des notes pour rédiger une explication | Épisode 1 | Rédiger des aide-mémoires pour répondre à une question

Prénom : ....

Pourquoi la Terre est une planète habitable ?

1. Ensemble, surlignons dans ce paragraphe ce qui est utile pour répondre à la question, puis écrivons notre aide-mémoire.

La Terre, une planète bleue modifier

Tous les êtres vivants ont besoin d'eau pour vivre. Dans l'état actuel de nos connaissances, la Terre est la seule planète à posséder de l'eau à l'état liquide. De l'espace, la Terre semble toute bleue grâce à son eau. C'est pour cela qu'on la surnomme la planète bleue. De l'espace, on voit aussi des parties émergées : ce sont des continents. Ils sont marron.

Puis leur **demander** quelles sont les informations importantes pour répondre à la question.

Sur le texte affiché, surligner « la Terre est la seule planète à posséder de l'eau à l'état liquide ».

Qu'allons-nous écrire sur le Post-it pour nous souvenir de cette information ?

Valider les propositions des élèves au regard des critères de réussite établis lors de l'étape précédente.

Noter sur le Post-it vierge : présence d'eau (ou toute réponse approchante).

• **Distribuer** une fiche d'activité par élève et leur demander de compléter le premier exercice à l'aide de ce qui est affiché au tableau.

• Faire un bref retour sur les hypothèses listées au début de l'étape 3.

Avions-nous cet élément dans les hypothèses listées en début d'épisode ?

Compléter l'affiche si besoin.

• **Lire** collectivement la consigne de l'exercice 2. S'assurer de sa bonne compréhension et demander aux élèves de **réaliser ce travail écrit individuellement**. Laisser environ 15 min. **Préciser** qu'ils peuvent écrire 1 seul aide-mémoire. Les élèves ayant tendance à vouloir copier-coller des phrases complètes, insister sur l'importance d'**écrire très peu de mots**.

2. Lis le 3e sous-titre ainsi que son paragraphe. Puis, surligne ce qui est utile pour répondre à la question. Enfin, écris tes aide-mémoires.

La position de la Terre dans le système solaire modifier

La position de notre planète n'est ni trop proche, ni trop éloignée du Soleil. Des températures ni trop élevées ni trop basses ont favorisé l'apparition et le développement de la vie, phénomène exceptionnel dans le système solaire.

Si on aligne toutes les planètes, la Terre est la troisième en partant du Soleil, après Mercure et Vénus. La Terre, n'est qu'une des planètes qui tourne autour du Soleil. Elle fait partie du système solaire. La Terre a un satellite qui tourne autour d'elle : la Lune.

La Terre, 3e planète à partir du Soleil

Article créé d'après la vidéo des fondamentaux : "Terre : la planète bleue", cycle 3

• Pour la mise en commun, **sélectionner deux Post-it** différents mais justes et les recopier au tableau. Les lire collectivement, puis demander :

Pourquoi ces aide-mémoires sont-ils tous les deux justes ?

Les valider en se référant aux critères de réussite : ils sont brefs et permettent de répondre à la question (à ce que l'on cherche).

Constituer une collection de reformulations au tableau : inviter les élèves à lire leur aide-mémoire, les valider/invalider en fonction des critères de réussite et les afficher au tableau en les regroupant par type (si possible). Certains auront **reformulé**, d'autres **copié-collé** uniquement les mots utiles.

Exemples de réponses attendues :

Post-it 1 : planète ni trop proche ni trop éloignée du Soleil / à la bonne distance du Soleil / 3e planète...

Post-it 2 : bonnes températures / températures ni trop élevées, ni trop basses / température idéale...

• Faire un bref retour sur les hypothèses listées au début de l'étape 3.

Est-ce que ce 3e bloc valide/invalide certaines de vos hypothèses ?

Compléter l'affiche si besoin.

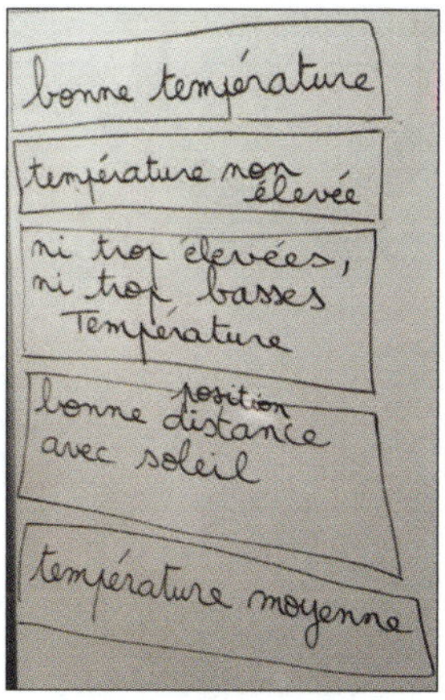

Exemple de mise en commun dans une classe de CM1.

Si les élèves n'écrivent qu'un seul Post-it, on attendra une réponse de type « température idéale ».

5 Synthétiser ⏱ 10 min

• Demander :

Qu'avez-vous compris sur l'aide-mémoire ?

Faire émerger la **synthèse** suivante :

Aujourd'hui, nous avons appris que...

Pour écrire un aide-mémoire, il faut :

- **savoir** ce qu'on cherche  ;
- **sélectionner** ce qui est utile pour répondre à la question (copier-coller ou reformuler uniquement quelques mots) ; 

L'aide-mémoire doit être **bref** et permettre de **répondre à la question** sans avoir à relire tout le texte.

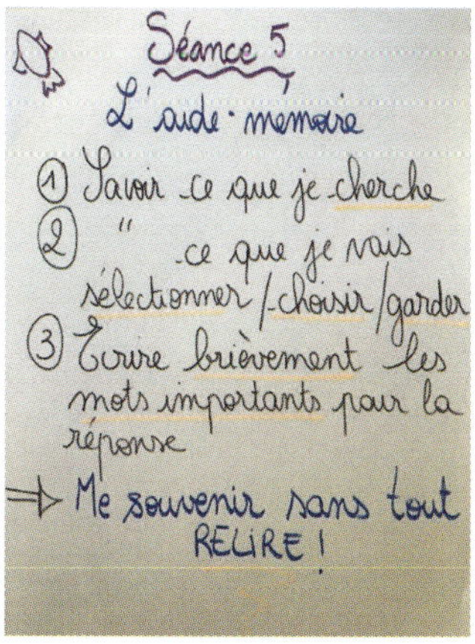

Exemple de synthèse écrite réalisée lors des tests en classe.

• Afficher la synthèse sous forme d'**engrenages** :

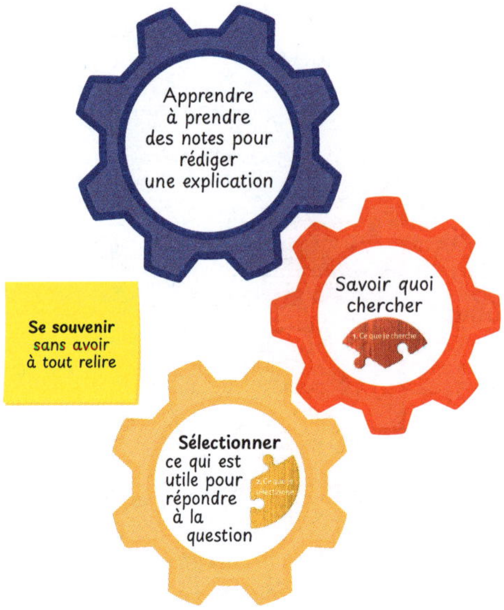

Ou faire écrire le texte suivant :

L'aide-mémoire permet de répondre à une question sans avoir à relire tout le texte. En fonction de ce que je cherche, je sélectionne ce qui est utile et je le note brièvement sur l'aide-mémoire.

• Annoncer :

Lors du prochain épisode, vous devrez écrire la réponse à la question sans le texte, en utilisant vos aide-mémoires.

épisode 2

Prendre des notes et les utiliser pour répondre à une question

Ce que vos élèves devront avoir retenu à la fin de l'épisode :
Pour répondre à une question sans avoir à relire tout le texte documentaire, il faut :
– lire en se souvenant de **ce qu'on cherche** ;
– **sélectionner** les informations utiles et les **reformuler** de manière brève sur un aide-mémoire ;
– **rédiger** sa réponse en mettant en lien les informations utiles avec des mots de liaison.

Durée : 2h15, à organiser en plusieurs séances.

Matériel
Diaporama « Prendre des notes » (https://vu.fr/ubyfl).
Une ardoise ou un cahier d'essais par élève.

- Étape 2 : Deux affiches vierges.
  Les aide-mémoires de l'élève virtuelle Maelline (format collectif).
  La réponse rédigée de cette élève virtuelle (format collectif).
  La réponse rédigée de Maelline à compléter (format individuel).
- Étape 3 : Vidéo « 1 jour, 1 question, C'est quoi une étoile filante ? » (https://urlz.fr/rAPo).
  Les images pour apprendre le vocabulaire.
- Étape 4 : L'article « Les météorites » du site ESA Kids (format collectif + individuel).
  Les pièces de puzzle (1 et 2) de la démarche.
  La fiche élève « Les météorites sont-elles dangereuses ? » : exercice 1 (format individuel).
  Des Post-it (6 petits Post-it par élève, 6 Post-it grand format pour la mise en commun).
- Étape 5 : La fiche élève « Les météorites sont-elles dangereuses ? » : exercice 2 (format individuel).
- Étape 6 : Les engrenages de synthèse.
- Prolongements : L'image pour réviser le vocabulaire.
  Vidéo « 1 jour, 1 question, C'est quoi une météorite ? » (https://urlz.fr/rF84).

Nous conseillons de mener cet épisode en trois séances : tout d'abord les étapes 1 à 3 pour annoncer l'objectif, rédiger une réponse à l'aide d'un aide-mémoire et apprendre du vocabulaire ; puis l'étape 4 pour apprendre à utiliser des aide-mémoires et enfin les étapes 5 et 6 pour rédiger son texte et synthétiser.

1 Rappeler l'épisode 1 et présenter le nouvel objectif ⏱ 5 min

- **Rebrasser** les connaissances acquises.

Qu'avez-vous retenu sur les aide-mémoires ?

Relire la trace écrite et/ou les engrenages de synthèse (voir p. 102).

- **Présenter l'objectif** de l'épisode 2 :

Aujourd'hui, nous allons nous entrainer à utiliser les aide-mémoires pour répondre à des questions. Vous ne pourrez pas relire le texte mais vous pourrez vous servir de vos aide-mémoires.

Les lecteurs efficaces se créent des aide-mémoires pour ne plus avoir à relire tout le texte. Éventuellement, ils vérifient avec une brève lecture survol, mais ils ne relisent pas l'ensemble du texte.

2 Rédiger une réponse à l'aide d'un aide-mémoire ⏱ 30 min

Les élèves vont verbaliser une explication à partir d'aide-mémoires puis rédiger leur réponse. Ils vont apprendre à développer les reformulations brèves des aide-mémoires : c'est un exercice complexe.

• **Reprendre la question** de l'épisode précédent :
Pourquoi la Terre est une planète habitable ?
L'écrire au tableau et **afficher quatre aide-mémoires** de l'élève virtuelle Maelline.

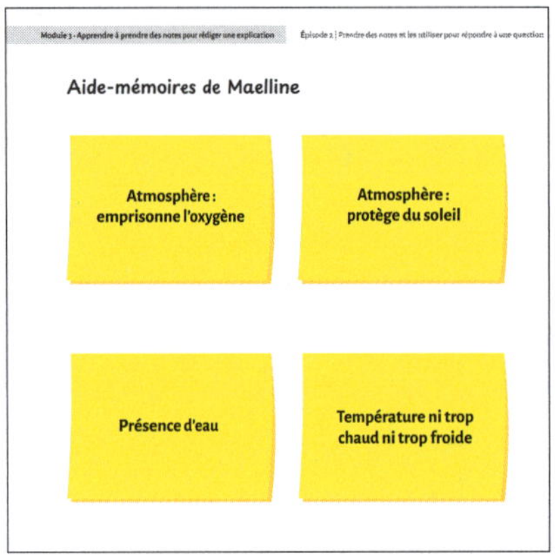

Nous allons utiliser les aide-mémoires de Maelline pour répondre à la question. Entrainons-nous d'abord à l'oral.

Interroger de nombreux élèves en les incitant à faire des phrases bien construites et en les articulant grâce à des mots de liaison.

Interroger notamment les élèves les plus fragiles pour leur permettre d'accéder à cette phase cruciale d'oralisation qui prépare au travail écrit.

Valoriser l'utilisation de ces mots de liaison et les **noter** au fur et à mesure sur une affiche. Ce réservoir de mots sera utile tout au long de l'épisode et lors des épisodes suivants.

Réponse possible : La Terre possède une atmosphère qui lui permet d'emprisonner l'oxygène pour que nous puissions respirer. Son atmosphère permet **aussi** de protéger des rayons du soleil **parce que**, **sinon**, ils nous bruleraient.
Aussi, la Terre possède de l'eau.
En plus, comme c'est la 3e planète en partant du Soleil, elle est ni trop proche, ni trop éloignée du Soleil. Sa température n'est **donc** ni trop chaude, ni trop froide.

• Après cette phase d'oralisation, **afficher la réponse** rédigée de Maelline.

Voici la réponse écrite de Maelline. Que pensez-vous de cette réponse ?
Chuchotez votre avis à l'oreille de votre voisin.

Analyser cette réponse avec la classe. La lire collectivement, **montrer les aide-mémoires** au fur et à mesure de leur utilisation et **entourer les mots de liaison** (*parce que, et, sinon, aussi*).
Constater que l'aide-mémoire « Température ni trop chaude, ni trop froide » n'a pas été utilisé et proposer aux élèves d'y remédier en complétant la réponse de Maelline.
• **Distribuer** la réponse écrite de Maelline à chaque élève et laisser un temps de travail écrit individuel (5 minutes).

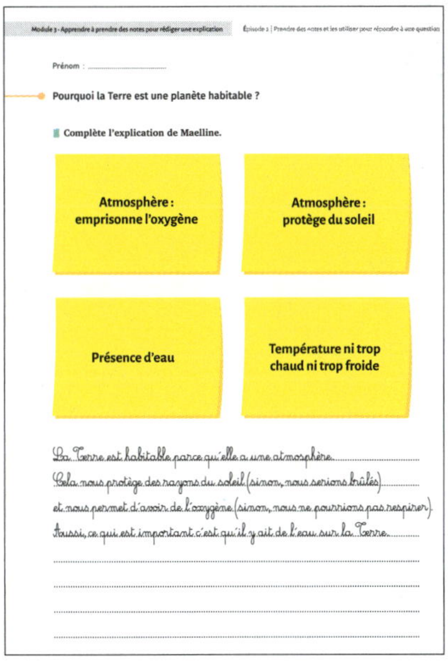
Module 3 - Apprendre à prendre des notes pour rédiger une explication | Épisode 2 | Prendre des notes et les utiliser pour répondre à une question

Prénom : ....

Pourquoi la Terre est une planète habitable ?

Complète l'explication de Maelline.

La Terre est habitable parce qu'elle a une atmosphère.
Cela nous protège des rayons du soleil (sinon, nous serions brûlés)
et nous permet d'avoir de l'oxygène (sinon, nous ne pourrions pas respirer).
Aussi, ce qui est important c'est qu'il y ait de l'eau sur la Terre.

• Inviter plusieurs élèves volontaires à **lire** leur phrase pour compléter le travail de Maelline. Procéder à une **validation collective**.
Réponse attendue : De plus, comme la Terre est la troisième planète en partant du soleil, sa température n'est ni trop chaude, ni trop froide.

Veiller à ce que l'explication ne commence pas par « parce que ».

• Faire émerger les **critères de réussite** de rédaction d'une réponse à partir d'aide-mémoires :
– L'explication reprend tous les aide-mémoires.
– Elle comporte des mots de liaison.
– Elle répond à la question
– Elle est compréhensible.

3 Enrichir ses connaissances et apprendre du vocabulaire pour mieux comprendre ⏱ 15 min

Le lexique appris lors de cette étape vise à faciliter la lecture-compréhension de l'article étudié en étape 4.

• Demander :
Que savez-vous sur les météorites ?
Chuchotez la réponse à l'oreille de votre voisin.

Laisser un bref temps d'échange puis **lister, en prise de notes,** ce que les élèves tiennent pour vrai.
Compléter leurs connaissances en regardant **la vidéo** « 1 jour, 1 question, C'est quoi une étoile filante ? » (1'42) : https://urlz.fr/rAPo.

Cet affichage sera validé/invalidé tout au long de l'épisode à l'aide de l'article d'encyclopédie.

• Puis **apprendre du vocabulaire** pour mieux comprendre le texte documentaire qui sera lu à l'étape suivante. Projeter l'image représentant une **ceinture d'astéroïdes**.

Que représente cette image ?

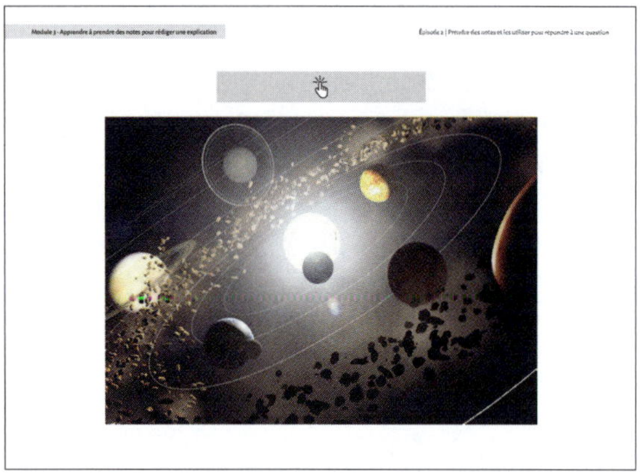

© iStock

Valider ou invalider les propositions des élèves puis **expliquer** :

C'est une ceinture d'astéroïdes située entre les orbites de Mars et de Jupiter. Elle contient des milliards d'astéroïdes.

• Afficher ensuite l'image pour figurer « **se désagréger** ».

© iStock

Expliquer que lors d'une collision, un objet céleste s'est désagrégé.

• Enfin, afficher la photo d'**un cratère d'impact**.

© iStock

Expliquer que ce cratère s'est formé à cause de la chute d'un objet céleste (une météorite).

4 Apprendre à ne se servir que des aide-mémoires ⏱ 45 min

Les élèves vont s'entrainer à prélever l'essentiel d'un texte documentaire en peu de mots pour répondre à une question. Le texte sera ensuite masqué et ils ne pourront se fier qu'à leurs aide-mémoires pour rédiger leur réponse. Ils testeront ainsi la qualité de leur prise de notes.

Cette étape est délicate. Il est normal que vos élèves peinent encore à écrire des aide-mémoires synthétiques et à les utiliser pour rédiger leur réponse.
Les co-concepteurs ont observé des progrès dès l'épisode suivant.

• **Annoncer** aux élèves qu'ils vont faire des recherches pour savoir si les météorites sont dangereuses. Pour cela, leur proposer de visiter le site de l'agence spatiale européenne (European Space Agency) spécialement conçu pour les enfants : l'ESA Kids.

Utiliser l'ordinateur et le vidéoprojecteur de la classe afin que tous les élèves voient la navigation et les résultats de la recherche ou utiliser le diaporama dynamique (https://vu.fr/ubyfl).

Ces deux possibilités présentent chacune un avantage :
– faire la recherche en ligne avec les élèves permet de montrer la lecture dynamique qu'offre Internet et le choix à faire parmi une liste de résultats ;
– utiliser le diaporama qui simule cette recherche permet de garantir un contenu stable et plus guidé.
Choisir l'une ou l'autre, en fonction de la pratique de classe.

• **Afficher** l'onglet « Notre univers » de la rubrique « Apprendre » de ce site et demander :

Où cliquer pour accéder à l'article sur les météorites ?

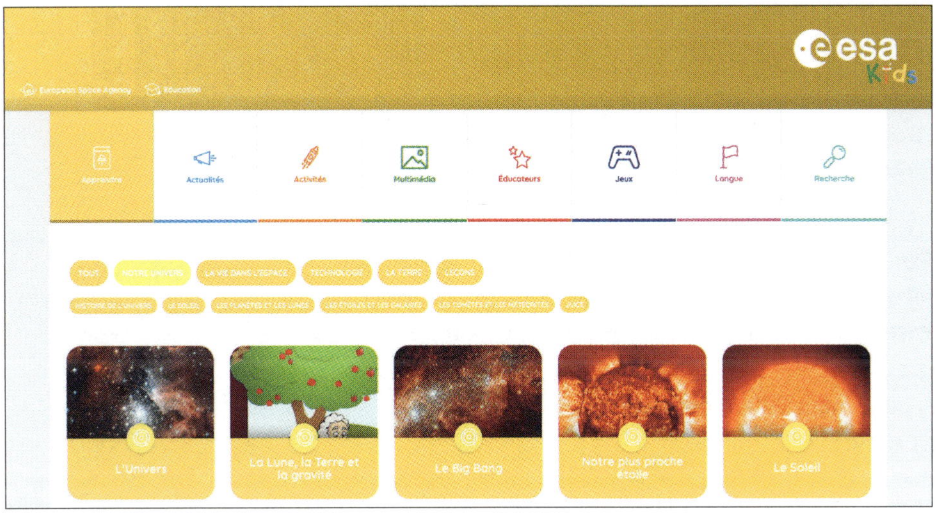

D'après le site de l'ESA Kids (aout 2024) : https://www.esa.int/kids/fr/Apprendre

Laisser un temps court de réflexion individuelle. Faire remarquer que le sommaire n'est pas présenté à la verticale mais à l'horizontale. Le lire et opter pour la rubrique : « Les comètes et les météorites ».
Cliquer et « charger plus » pour obtenir l'article sur les météorites.

L'afficher :

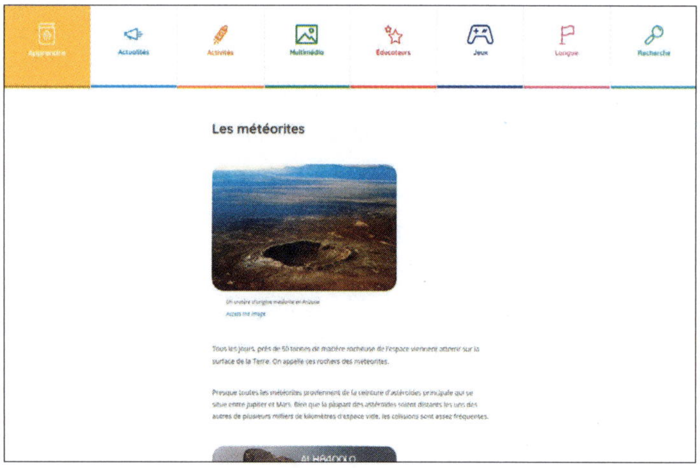

D'après le site ESA Kids (aout 2024) : https://www.esa.int/kids/fr/Apprendre/Notre_Univers/Les_cometes_et_les_meteorites/Les_meteorites

• **Écrire** la question au tableau :
Les météorites sont-elles dangereuses ?
Pour le savoir, vous allez lire cet article.

Distribuer l'article à chaque élève. Faire reformuler ce qui est à chercher dans l'article et placer la pièce de puzzle « 1. Ce que je cherche » à côté de la question.
Laisser un temps de **lecture silencieuse** puis demander aux élèves de **répondre oralement** à la question. Faire débattre.
Réponse attendue : les météorites peuvent être dangereuses.
• Afficher la pièce de puzzle « 2. Ce que je sélectionne ».
Maintenant, vous allez relever dans le texte tout ce qui prouve que les météorites peuvent être dangereuses.

Distribuer une fiche d'activité par élève. **Lire** collectivement la consigne du premier exercice et s'assurer de sa bonne compréhension. **Se référer** aux critères de réussite d'un aide-mémoire : il est bref (quelques mots) et il est utile pour répondre à la question. 1 aide-mémoire = 1 élément utile. Il n'est pas demandé aux élèves de surligner obligatoirement le texte, ni de compléter tous les Post-it.

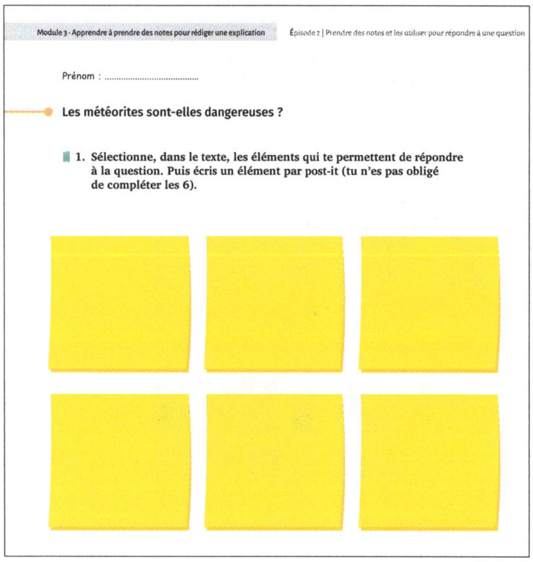

Module 3 · Apprendre à prendre des notes pour rédiger une explication | Épisode 2 | Prendre des notes et les utiliser pour répondre à une question

Prénom : ....

Les météorites sont-elles dangereuses ?

1. Sélectionne, dans le texte, les éléments qui te permettent de répondre à la question. Puis écris un élément par post-it (tu n'es pas obligé de compléter les 6).

• **Compléter** le premier aide-mémoire collectivement. Afficher le début de l'article et lire la première phrase :
« Tous les jours, près de 50 tonnes de matière rocheuse de l'espace viennent atterrir sur la surface de la Terre. »
Convenir collectivement de l'information à retenir. La noter en quelques mots au tableau en se référant aux critères de réussite.
Réponse attendue : 50 tonnes par jour.
Les élèves l'écrivent sur le premier Post-it de leur fiche.

Les élèves ont tendance à tout noter sur le même Post-it. Veiller à ce qu'ils notent **1 élément par aide-mémoire.** Il est possible qu'ils confondent encore phrase-réponse et prise de notes brève.

• Les inviter à **poursuivre le travail individuellement** sur leur fiche : ils continuent la relecture du texte et complètent les aide-mémoires. Leur laisser **15 minutes** maximum. Proposer aux élèves en difficulté de surligner les informations importantes dans le texte avant d'écrire leurs aide-mémoires.

Il est possible de distribuer de petits Post-it que les élèves colleront sur leur fiche à la place des aide-mémoires.

• **Mettre en commun** en jouant au **jeu des aide-mémoires**. Au préalable, rappeler ce qu'on cherche (prouver que les météorites peuvent être dangereuses), puis énoncer la règle du jeu :

Un élève lit un de ses aide-mémoires et justifie son choix en s'appuyant sur le texte et/ou les images. Le reste de la classe doit dire si cet aide-mémoire est **utile ou non** pour répondre à la question. C'est parti !

À chaque fois qu'un élève lit un de ses aide-mémoires, se reporter au documentaire pour valider l'information, questionner la classe et recueillir d'éventuelles reformulations :

Qui l'a dit autrement ?

Noter les aide-mémoires brefs et validés sur des Post-it (grand format). Ils serviront pour la production d'écrit de l'étape 5.
Recommencer autant de fois que nécessaire pour compléter tous les aide-mémoires.

Réponses (et justifications) attendues :
1. 50 tonnes par jour (extrait du 1er paragraphe lu collectivement).
2. Dégât au sol (cratère) (appui sur la photo et sa légende).
3. 10 mètres de large, 60 tonnes (extrait de l'avant-dernier paragraphe).
4. Personnes blessées (extrait du dernier paragraphe).
5. Une vache morte (extrait du dernier paragraphe).
6. Maisons et voitures abimées (extrait du dernier paragraphe).

Exemple de relevé dans une classe de CM2.

Inviter les élèves à **corriger** leur travail individuel sur fiche.

Il est possible de valider l'ensemble grâce au diaporama : une animation zoome sur les éléments pertinents du texte et leur formulation sur les aide-mémoires.

5 Rédiger la réponse à l'aide des aide-mémoires ⏱ 30 min

Les élèves vont reprendre leurs aide-mémoires et les utiliser pour rédiger une explication sur la possible dangerosité des météorites. Il importe qu'ils n'aient pas le texte sous les yeux.

• Chaque élève reprend sa fiche d'activité. Lire collectivement la **consigne de l'exercice 2** et s'assurer de sa bonne compréhension. Ce travail se fait **sans l'appui du texte**.

2. Rédige ta réponse à la question en t'aidant des aide-mémoires ci-dessus.

....

....

....

....

....

• **Procéder** à un entrainement à l'oral avant la phase d'écriture. Demander à un élève volontaire d'expliquer en quoi les météorites peuvent être dangereuses, en s'appuyant sur ses **aide-mémoires** et en utilisant des **mots de liaison** (se référer au répertoire de mots). Les autres élèves ne pourront intervenir que lorsqu'il aura terminé son explication.

Ce temps d'oralisation permet de préparer l'écriture : synthétiser ce qu'on a compris, organiser son propos afin d'être compris. C'est une phase cruciale.

Valoriser l'utilisation des mots de liaison ; compléter le réservoir de mots si besoin.

• Inviter les élèves à **rédiger leur réponse** sur leur fiche en s'aidant de leurs aide-mémoires et du réservoir de mots. Laisser **10 à 15 minutes** pour ce travail individuel écrit. Les élèves en difficulté peuvent utiliser un nombre réduit d'aide-mémoires (3 ou 4).

Des co-concepteurs ont demandé à leurs élèves de rédiger sur l'ardoise avant d'écrire, au propre, sur la fiche, afin qu'ils puissent davantage tâtonner, reformuler leur pensée. Cela ajoute 5 à 10 minutes au temps prévu.

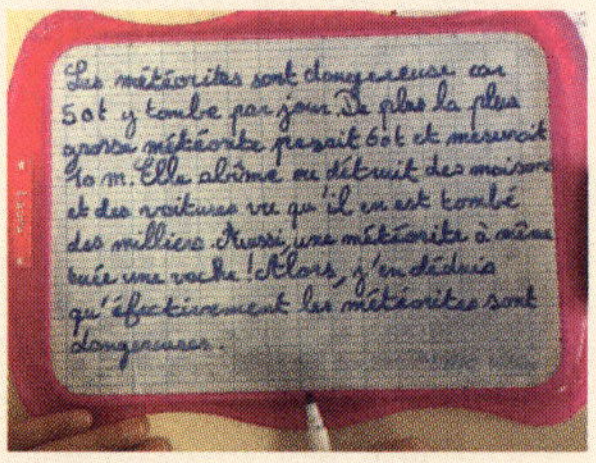

• **Mettre en commun.** Faire lire quelques productions alors que certains élèves terminent leur travail. Valider les productions des élèves avec les critères de réussite : réponse à la question, présence de mots de liaison et si cela a du sens.

Écouter les productions d'autres groupes permet aux élèves bloqués d'avoir des exemples et de relancer leur écriture. Cela permet aussi aux élèves dont la production est pauvre de l'enrichir en se nourrissant des autres productions. C'est une régulation par l'apport des pairs nommée « co-pillage » par le GFEN.

Montrer aux élèves qu'ils ont fait des déductions.

Les mots de liaison montrent que nous faisons des déductions.

Exemple de production :

Les météorites sont dangereuses car 50 tonnes tombent par jour. De plus, la plus grosse météorite pesait 60 t. et mesurait 10 m. Elles abiment ou détruisent des maisons et des voitures vu qu'il en est tombé des milliers. Aussi, une météorite a même tué une vache ! Alors, j'en déduis qu'effectivement les météorites sont dangereuses.

Hors temps de classe, corriger chaque fiche d'activité pour faire ensuite un retour individuel aux élèves.

• **Revenir très rapidement** sur les hypothèses des élèves faites en début d'épisode :

Qu'est-ce que le texte nous permet de valider/invalider/compléter ?

6 Synthétiser ⏱ 10 min

• Demander :

Qu'avons-nous appris pour répondre à une question avec des aide-mémoires ?

Faire émerger la **synthèse** suivante :

Aujourd'hui, nous avons appris que...

Pour répondre à une question sans avoir à relire plusieurs fois tout le texte, il faut :
- bien lire la question avant de lire le texte ;
- se souvenir de **ce qu'on cherche** pendant qu'on lit ;
- **sélectionner** dans le texte les informations utiles pour répondre à la question et noter chacune d'elles sur un aide-mémoire.
- **rédiger** sa réponse avec des **mots de liaison** pour montrer les liens logiques entre les aide-mémoires.

• Afficher la synthèse sous forme d'**engrenages** :

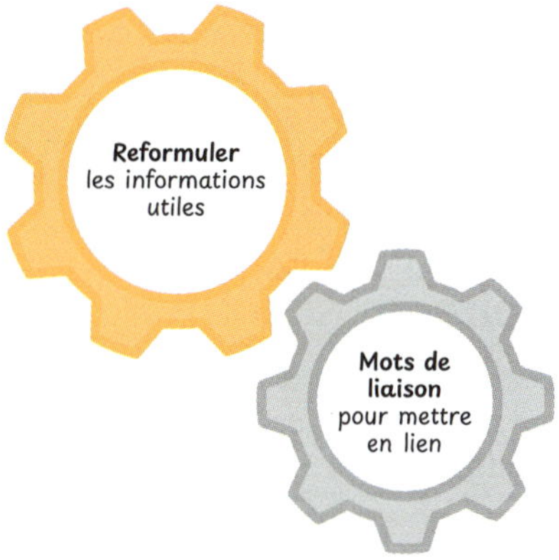

Ou faire écrire le texte suivant :

Pour répondre à une question sur un texte documentaire, je dois sélectionner les informations utiles et les reformuler en peu de mots. Je rédige ma réponse en mettant en lien les informations à l'aide de mots de liaison.

Prolongements

• Annoncer aux élèves qu'ils vont réviser les mots découverts dans ces deux épisodes. Afficher l'image suivante :

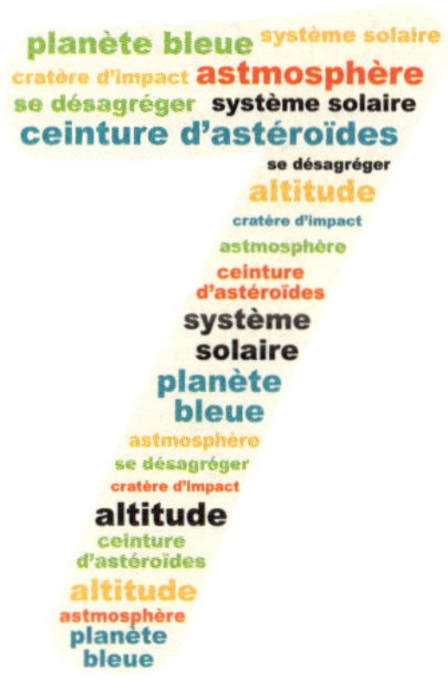

Demander aux élèves d'**identifier les 7 mots** appris : l'atmosphère, le système solaire, la planète bleue, l'altitude, un cratère d'impact, une ceinture d'astéroïdes, se désagréger.

Puis **proposer** un petit jeu :

Faites deviner le plus de mots possibles à votre voisin en 1 minute.

Des co-concepteurs ont choisi d'utiliser une modalité « ping-pong » pour varier les rôles : chaque élève fait deviner un mot puis doit deviner celui de son camarade. Cette variante est très appréciée.

Proposer un exemple parmi les suivants en jouant avec un élève :

C'est une sphère de vapeur qui entoure la Terre. (l'atmosphère)
C'est l'ensemble des planètes. (le système solaire)
C'est le nom donné à la Terre car, de l'espace, elle apparait toute bleue. (la planète bleue)
C'est la hauteur d'une montagne. (l'altitude)
C'est le trou causé par une météorite arrivée sur Terre. (un cratère d'impact)
Elle contient des milliards d'astéroïdes. (une ceinture d'astéroïdes)
C'est un synonyme de se désintégrer, se détruire, se décomposer. (se désagréger)

Renouveler éventuellement l'exemple collectif avec un autre élève.
Démarrer le jeu après avoir constitué des binômes.

• Pour en apprendre davantage sur les météorites, **visionner la vidéo** : « 1 jour, 1 question, C'est quoi une météorite ? » (https://urlz.fr/rF84).

Partie 2
Rédiger une explication

épisode 3

Mettre en lien les aide-mémoires : faire des déductions

Ce que les élèves devront avoir retenu à la fin de l'épisode :
Pour écrire une explication, il faut mettre en lien les aide-mémoires, faire des déductions et les exprimer en utilisant des mots de liaison.

Durée : 1h35, à organiser en plusieurs séances.

Matériel
Diaporama « Faire des déductions » (https://vu.fr/RbgFN).
Une ardoise ou un cahier d'essais par élève.

- Étape 1 : Les images pour apprendre le vocabulaire.
  Vidéo « Thomas Pesquet : de l'ISS à Mars », Cité de l'espace (https://urlz.fr/rB2P).
- Étape 3 : 3 Post-it grand format.
  Extrait de la vidéo « La Terre : la planète bleue », Les fondamentaux, Canopé (facultatif : https://urlz.fr/rB8x).
  L'article « Mars, la planète rouge » du site ESA Kids (format individuel).
  La fiche élève « La vie est-elle possible sur Mars ? » : exercice 1.
  Des Post-it (minimum 3 par élève).
  Les pièces de puzzle (1 et 2) de la démarche.
- Étape 4 : Affiches vierges (3 par groupe).
  4 aide-mémoires rédigés par des élèves virtuels (1 exemplaire par groupe).
  La fiche élève « La vie est-elle possible sur Mars ? » : exercice 2.
  La pièce de puzzle de la démarche : 3. Ce que j'en déduis.
- Étape 5 : Le quiz pour faire le bilan (format individuel et collectif).
  Les engrenages de synthèse.
- Prolongement : Un texte à trous à compléter.
  Learning Apps (https://urlz.fr/hOyw).

Nous conseillons de mener cet épisode en deux séances : tout d'abord les étapes 1 à 3 pour enrichir ses connaissances, annoncer l'objectif et s'entrainer à faire des aide-mémoires ; puis les étapes 4 et 5 pour rédiger son explication et faire la synthèse.

1 Enrichir ses connaissances ⏱ 10 min

Ce temps vise à donner aux élèves des éléments de connaissances sur la planète Mars dont il sera ensuite question dans l'épisode. La vidéo de Thomas Pesquet montre les enjeux à aller explorer Mars, notamment pour comprendre pourquoi la vie a disparu de cette planète. La thématique de l'habitabilité est au cœur de cet épisode.

• Afficher l'image représentant le système solaire et situer la planète Mars.

Mars est la 4e planète en partant du Soleil.

© iStock

• Afficher ensuite la photo de la planète **Mars**.
Interroger brièvement les élèves pour caractériser l'image.

Que représente cette image ?

Réponse attendue : c'est la planète Mars.

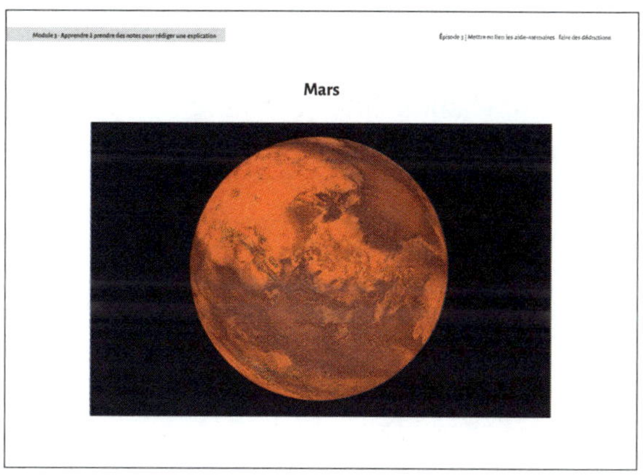

© iStock

Expliquer que Mars est appelée la « Planète rouge » en raison du fer contenu dans son sol ; on dit qu'elle a un sol ferreux.
• Pour accroitre les connaissances des élèves sur cette planète, regarder **l'extrait d'interview de Thomas Pesquet** (https://urlz.fr/rB2P).
Après le visionnage, expliquer que le Rover est un robot envoyé sur Mars pour faire des prélèvements scientifiques (étude du sol) et des photographies. Préciser qu'aucun homme n'est allé sur Mars car cette planète est trop lointaine ; il faudrait un an pour s'y rendre.

2 Rappeler l'épisode 2 et présenter le nouvel objectif ⏱ 5 min

• **Rebrasser** les connaissances acquises.

Qu'avez-vous retenu sur la manière de répondre à une question sans avoir à relire plusieurs fois tout le texte ?

Relire la trace écrite et/ou les engrenages de synthèse (voir p. 111).
• **Présenter l'objectif** de l'épisode 3 :

Aujourd'hui, nous allons apprendre à mettre en lien les aide-mémoires pour faire des déductions. Pour cela, nous allons travailler sur un article au sujet de la planète Mars.

Ajouter que, pour répondre à certaines questions, il faut **faire des déductions**, il faut raisonner : on ne peut pas y répondre par oui ou non, ni en faisant uniquement du copier-coller du texte. On doit apporter des explications supplémentaires.

Au collège, les élèves auront à répondre à beaucoup de questions où il faut faire des déductions. Ils devront mettre en lien leurs connaissances avec des informations éparses, implicites et explicites du texte.

3 S'entrainer à prélever des informations sous forme d'aide-mémoires ⏱ 30 min

Les élèves s'entrainent, en autonomie, à prélever des informations dans un texte en fonction d'un but et à les réduire sous forme de notes (aide-mémoires).

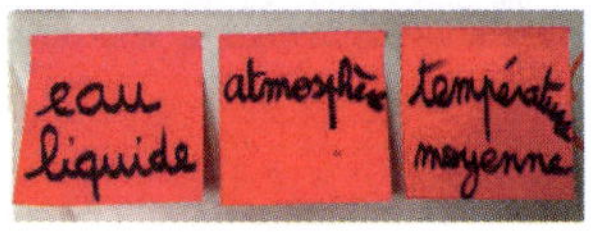

• Sur trois Post-it grand format collés sur une affiche, **écrire les critères d'habitabilité** de la Terre, définis en épisode 2.
Puis **demander** aux élèves :

Rappelez-vous : qu'est-ce que c'est ?

Convenir qu'il s'agit des critères d'habitabilité de la Terre et qu'ils sont, en réalité, valables pour toute planète.
Conserver ces aide-mémoires car ils aideront les élèves à chercher si Mars est habitable ou non. Il est important qu'ils puissent s'y référer tout au long de l'épisode.
• Facultatif : pour renforcer les connaissances des élèves sur l'habitabilité de la Terre, diffuser la vidéo « La Terre : la planète bleue », Les fondamentaux, Canopé (https://urlz.fr/rB8x).

• **Écrire** la question suivante au tableau :
La vie est-elle possible sur Mars ?
Inviter les élèves à la lire en précisant que vous allez la masquer. La faire disparaitre à l'aide d'un cache et leur demander de la reformuler.

Que cherchons-nous ?

Afficher la **pièce de puzzle** « 1. Ce que je cherche ».
Vérifier en faisant réapparaitre la question.

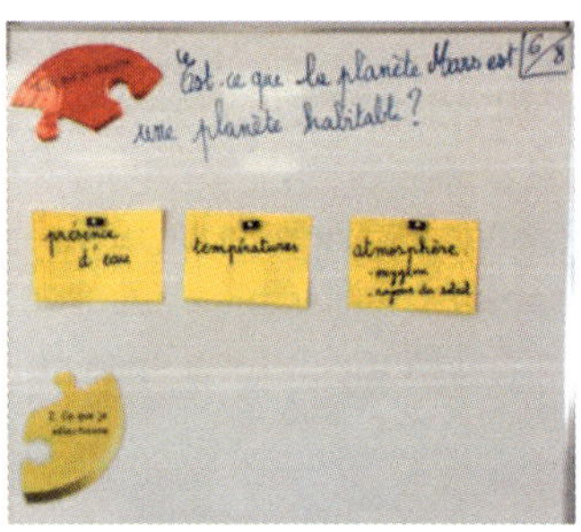

Mise en œuvre
dans une classe de CM2.

• Proposer aux élèves de trouver la réponse à cette question dans un documentaire en ligne sur la planète Mars. Retourner sur le site de l'ESA Kids, onglet « Apprendre », puis « Notre univers ».

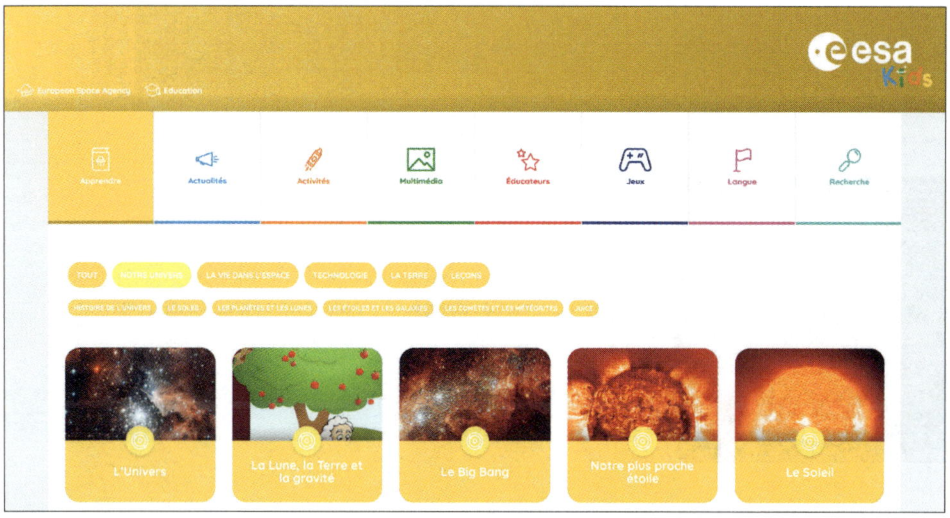

D'après ESA Kids (aout 2024) : https://www.esa.int/kids/fr/Apprendre

• **Dire** :

Nous sommes dans l'onglet « Notre Univers ». Sur quel sous-titre du sommaire allons-nous ensuite cliquer ?

Réponse attendue : Pour trouver des informations sur la planète Mars, il faut cliquer sur « Les planètes et les lunes ».

Afficher la page « Les planètes et les lunes » et « charger plus » deux fois pour obtenir l'article « Mars, la planète rouge ».

Ensuite où cliquer ? Rappelez-vous de ce que nous cherchons.

Réponse attendue : « Mars, la planète rouge », puisque nous cherchons à savoir si Mars est une planète habitable.

• **Afficher** l'article et **demander** :

Qu'allez-vous lire ?

Réponse attendue : il faut lire intégralement le texte, ainsi que l'image et sa légende.

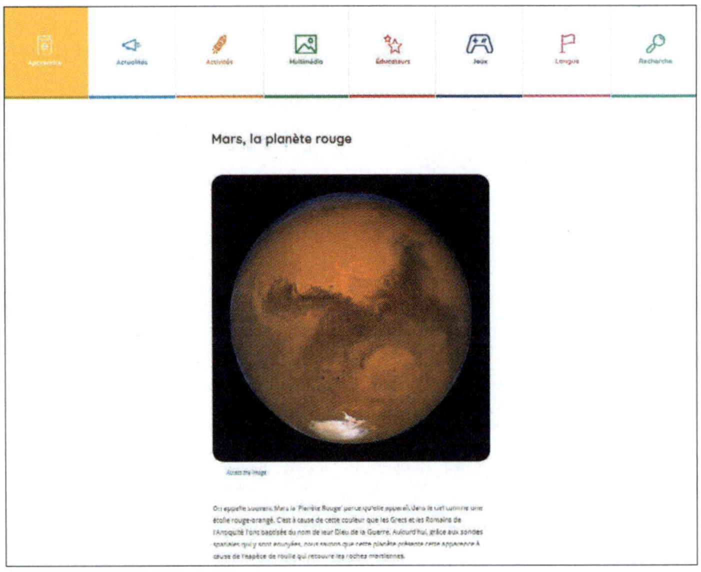

D'après ESA Kids (aout 2024) : https://www.esa.int/kids/fr/Apprendre/Notre_Univers/Les_planetes_et_les_lunes/Mars_la_planete_rouge

• **Projeter** la fiche d'activité. Relire la question : « La vie est-elle possible sur Mars ? ». Puis lire et **expliciter la consigne** de l'exercice 1. **S'assurer** de sa bonne compréhension et préciser, si nécessaire, les critères de réussite des aide-mémoires : brefs ; utiles pour répondre à la question ; 1 élément par aide-mémoire. Ajouter qu'il faut rédiger les aide-mémoires au fur et à mesure de la lecture.
Afficher la pièce de puzzle « 2. Ce que je sélectionne ».

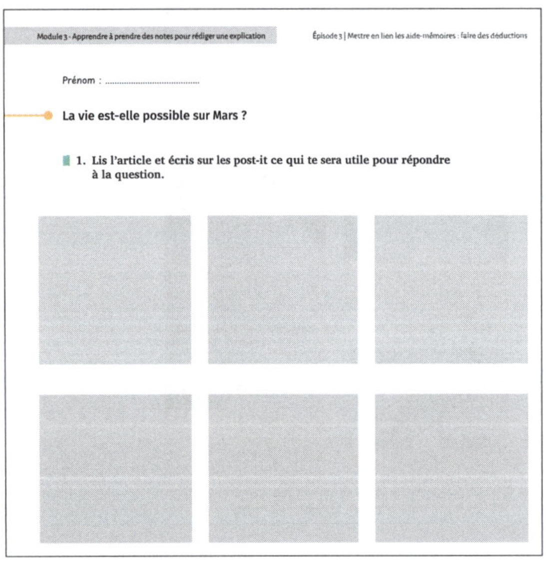
Module 3 - Apprendre à prendre des notes pour rédiger une explication — Épisode 3 | Mettre en lien les aide-mémoires : faire des déductions

Prénom : ....

La vie est-elle possible sur Mars ?

1. Lis l'article et écris sur les post-it ce qui te sera utile pour répondre à la question.

• **Distribuer** trois Post-it par élève ainsi que l'article « Mars, la planète rouge ». Demander aux élèves de lire l'article et de réaliser le premier exercice en complétant leurs Post-it. Laisser environ **15 minutes** pour ce travail individuel écrit. Donner de nouveaux Post-it aux élèves qui le souhaitent.
Pour les élèves en difficulté, faire lire le texte à partir de l'étoile et leur laisser la possibilité de surligner les informations importantes.
À la fin de l'activité, inviter les élèves à placer leurs Post-it sur leur fiche (ou à les rassembler à l'aide d'un trombone) afin de les conserver pour l'étape suivante.

4 Mettre en lien les aide-mémoires et rédiger sa réponse ⏱ 35 min

Par groupe de quatre, les élèves comparent et trient leurs aide-mémoires : ils mettent ensemble ceux qui parlent de la même chose. Cette catégorisation les aidera à rédiger leur réponse en n'oubliant aucun élément.

• Annoncer une **mise en commun des aide-mémoires** par groupe de quatre élèves. Leur demander de reprendre leurs aide-mémoires mais pas leur texte « Mars, la planète rouge ». Donner la consigne de travail :

Par quatre, rassemblez tous vos Post-it et mettez ensemble ceux qui parlent de la même chose. Puis collez-les sur une affiche et écrivez un sous-titre. Les aide-mémoires non utiles resteront de côté.

• **Distribuer** trois affiches par groupe ainsi que quatre aide-mémoires rédigés par des élèves virtuels. Laisser environ 15 minutes de travail.

Ces trois affiches correspondent aux critères d'habitabilité (atmosphère, eau, température). Les aide-mémoires rédigés permettent d'assurer une équitable richesse de fond pour chaque groupe.

• Procéder à une **validation collective**. Demander à un groupe de lire ses sous-titres et de les justifier. Puis demander :

Qui l'a dit autrement ?

Mettre en évidence et réunir les **différentes formulations** des sous-titres ainsi que leur lien avec les critères d'habitabilité. Lire ainsi les sous-titres de quelques groupes.

Réponses attendues :

– froid extrême ou température trop froide (4e planète à partir du Soleil ; à 228 millions de kilomètres du Soleil ; plus loin du Soleil que de la Terre)

– absence d'eau liquide ou eau gelée ou disparue (eau gelée ; eau disparue ; rivières asséchées)

– absence d'oxygène ou pas d'atmosphère (gaz carbonique ; air 100 fois moins épais ; masques à oxygène)

• Demander aux élèves de **rédiger, en binôme, une explication** à partir de leurs affiches :

Par deux, choisissez l'une de vos affiches, puis aidez-vous des aide-mémoires pour rédiger un paragraphe qui expliquera le sous-titre. N'oubliez pas d'utiliser des mots de liaison !

Se référer au réservoir de mots.
Laisser un temps de production écrite **sur ardoise** pour que chaque élève soit en activité et essaie de produire une réponse. Les groupes les plus rapides peuvent recopier leur production **sur l'affiche**, après validation de l'enseignant.

• **Mettre en commun**. Proposer aux binômes volontaires de lire leur explication.
Le reste de la classe valide selon les trois critères de réussite :
– l'explication a du sens ;
– elle répond à la question ;
– elle comporte des mots de liaison.
Valoriser les liens de déduction en les reformulant : donc... c'est pourquoi... par conséquent... Noter les nouveaux mots de liaison dans le réservoir de mots, le cas échéant.

Réponses attendues :

Froid extrême

Mars est la 4e planète du système solaire. Elle est plus loin que la Terre, il y fait donc beaucoup plus froid : -63°C. <u>Par conséquent</u>, la vie n'est pas possible sur Mars car il fait trop froid.

Absence d'eau liquide
Il y a eu de l'eau liquide mais maintenant, il n'y en a plus. Les rivières sont asséchées et, à cause de la température, l'eau est gelée. Donc la vie n'est pas possible sur Mars.
Absence d'oxygène
L'air est fait de gaz carbonique et non pas d'oxygène. Il faudrait des masques à oxygène pour pouvoir respirer. C'est pourquoi la vie n'est pas possible sur Mars.
Faire le lien avec les critères d'habitabilité de la Terre.

• **Projeter** la fiche d'activité. Lire et **expliciter la consigne** de l'exercice 2.

2. Réponds à la question en t'aidant des affiches.
....
....
....
....
....

• Demander aux élèves de **reprendre leur fiche** pour écrire leur explication « au propre » et de manière individuelle. Leur expliquer qu'ils doivent **rédiger une réponse** prenant en compte les trois critères de non-habitabilité (l'absence d'eau, l'absence d'oxygène, le froid extrême). Rappeler qu'il faut utiliser **des mots de liaison** pour que le lecteur comprenne mieux les liens entre les différentes idées.

Veiller à ce que les élèves ne commencent pas leur texte par « parce que ». Bien que cela ne soit pas incorrect, cette conjonction s'emploie rarement, à l'écrit, en début de phrase, mais plutôt pour relier deux propositions.

• Faire **lire quelques réponses** pendant que les élèves terminent leur rédaction.
Préciser que vous procéderez à un retour individuel, en corrigeant toutes les productions écrites.

Écouter les productions d'autres groupes permet aux élèves bloqués d'avoir des exemples et de relancer leur écriture. Cela permet aussi aux élèves dont la production est pauvre, de l'enrichir. C'est une manière de réguler par l'apport des pairs.
L'enseignant valorise ce qui lui semble intéressant dans les productions en s'appuyant sur les critères de réussite.

• **Constater :**
Pour répondre à cette question, vous avez fait des déductions à partir de vos connaissances.

Montrer la 3e pièce du puzzle de la démarche : « **3. Ce que j'en déduis** ».
Préciser aux élèves qu'il ne faut pas s'arrêter dès qu'on a trouvé une partie de la réponse parce que plusieurs éléments sont utiles dans les réponses avec déduction. Les bons lecteurs poursuivent leur lecture pour vérifier qu'ils n'ont rien oublié. Ensuite, les élèves regroupent les aide-mémoires et rédigent leur réponse en utilisant des mots de liaison.

Cette démarche avec les 3 pièces de puzzle peut être reprise en résolution de problèmes. En effet, la question peut être le premier élément à lire. L'énoncé sera lu ensuite en sachant ce que l'on cherche (voir p. 13).

5 Synthétiser 15 min

• **Afficher le quiz** et expliquer aux élèves qu'ils vont le renseigner, en autonomie, sur leur fiche.
Après lecture des différentes propositions, laisser un bref temps de travail individuel sur la fiche. Préciser que plusieurs réponses peuvent être cochées.
• **Recueillir les réponses** des élèves. Valider ou invalider : 1 et 4 sont exactes.

L'animation du diaporama permet de cocher/décocher les cases pour valider les propositions.

Module 3 · Apprendre à prendre des notes pour rédiger une explication — Épisode 3 | Mettre en lien les aide-mémoires : faire des déductions

Prénom : ....

Qu'as-tu compris sur l'étape 3 « Ce que j'en déduis » ?

Coche les bonnes réponses.

Pour déduire :
- [x] Je mets en lien mes connaissances ET les informations du texte.
- [ ] Je recopie une phrase du texte.
- [ ] Je n'ai besoin que d'une information.
- [x] J'explique en suivant un raisonnement logique.

• Demander :

Qu'avons-nous appris de nouveau pour répondre à une question avec des aide-mémoires ?

Faire émerger la **synthèse** suivante :

Aujourd'hui, nous avons appris que...

En fonction de ce que **je cherche**, **je sélectionne** les informations utiles et je les mets en mémoire en les reformulant sur des aide-mémoires. Je peux regrouper et mettre en lien les aide-mémoires qui parlent du même sujet pour **faire des déductions** et rédiger ma réponse.

• Afficher la synthèse sous forme d'**engrenages** :

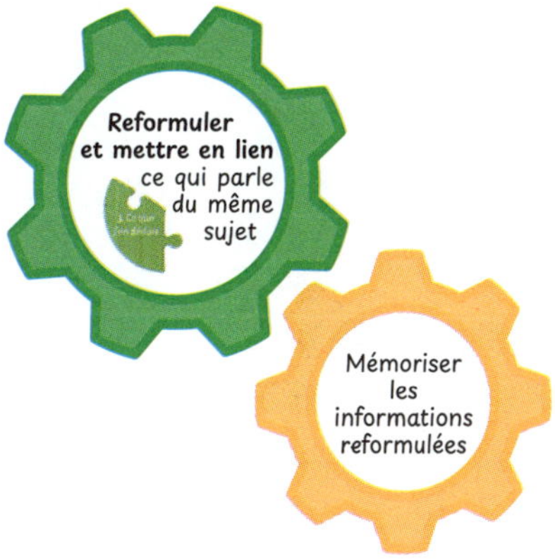

Ou faire écrire le texte suivant :

Les aide-mémoires permettent de retenir les informations reformulées.
Nous pouvons regrouper ceux qui parlent de la même chose, les mettre en lien pour faire des déductions et rédiger notre réponse.

Prolongement

• Proposer une activité décrochée pour travailler sur le sens des mots de liaison, car les élèves les utilisent rarement à bon escient.

Une classe a répondu à la question « Mars est-elle habitable ? » mais il n'y a aucun mot de liaison dans le texte réponse.

Cette activité est facultative mais plébiscitée par les enseignants qui l'ont essayée. Certains l'ont faite en collectif, d'autres l'ont confiée à un petit groupe d'élèves et validée en collectif... Les modalités de réalisation sont souples. Elle permet de consolider l'utilisation, à bon escient, des mots de liaison.

Afficher le texte à trous et inviter les élèves à le compléter.
Relire collectivement le texte complété pour en vérifier le sens.
Cette activité peut être menée avec la Learning Apps : https://urlz.fr/hOyw.

Réponse attendue :

Mars est la 4e planète **donc** il fait en moyenne -63°C.
Les fissures sur le sol ressemblent à des lits de rivière desséchés **parce que** l'eau se serait échappée dans l'espace.
Aussi, l'air est 100 fois moins épais **car** il est composé de gaz carbonique. **C'est pourquoi** les hommes devraient porter des masques à oxygène.
Par conséquent, la vie sur Mars n'est pas possible.

épisode 4

Rédiger une explication avec des liens logiques

Ce que les élèves devront avoir retenu à la fin de l'épisode :
Je sais sélectionner les informations utiles par rapport à ce que je cherche et rendre compte de leur lien logique pour rédiger une explication.

Durée : 1h20

Matériel
Diaporama « Rédiger une explication » (https://vu.fr/OUfaB).
Une ardoise ou un cahier d'essais par élève.
Les 3 pièces du puzzle de la démarche.
- Étape 1 : Vidéo « Le système solaire », ESA Kids (https://urlz.fr/rFfl).
  Les aide-mémoires de Paxi.
- Étape 2 : Une affiche vierge.
  L'article sur Vénus du site ESA Kids (format individuel + collectif).
  4 Post-it par élève.
  3 affiches vierges par binôme (feuilles A3 ou A4).
  La fiche élève « La vie sur Vénus est impossible. Pourquoi ? » (format individuel).
  Vidéo « Quelles différences entre la Terre et Vénus ? », Lumni (https://bit.ly/2Grdxuv).
- Étape 3 : L'auto-évaluation de fin de module (format individuel).
- Prolongement : Un texte à trous à compléter.
  Learning Apps (https://urlz.fr/hOze).

1 Rappeler l'épisode 3 et présenter l'objectif de cet épisode ⏱ 15 min

Ce dernier épisode est un entrainement. Les élèves devront répondre à une question en utilisant les stratégies acquises dans les épisodes 1 à 3.

• **Diffuser la vidéo** « Le système solaire » de l'ESA Kids (5'18) : https://urlz.fr/rFfl.
Après le visionnage, faire remarquer qu'à la fin de la vidéo, le personnage Paxi utilise des aide-mémoires.

Il n'est pas nécessaire de reprendre le contenu de la vidéo. Centrer l'attention sur les aide-mémoires.

• **Afficher** 4 des aide-mémoires de Paxi et demander aux élèves de les observer.

D'après le site ESA Kids.

Qu'ont-ils en commun ? Donnez un titre pour tous ces aide-mémoires.

Laisser un temps court de travail individuel sur l'ardoise.

Lors de la mise en commun, valider le titre : « Le système solaire » et rappeler aux élèves que le fait de mettre en lien des informations, c'est **déduire** (faire des déductions). Afficher la pièce de puzzle « 3. Ce que j'en déduis ».

• Rebrasser les connaissances acquises lors de l'épisode 3.

Qu'avez-vous retenu, la dernière fois, sur les aide-mémoires ?

Relire la trace écrite et/ou les engrenages de synthèse (voir p. 119).

• **Présenter le nouvel entrainement :**

La vie sur Vénus est impossible. Vous allez relever dans un texte tout ce qui le prouve. Cela ressemble à notre travail sur Mars. Cette fois, vous le ferez par deux sans l'aide de l'enseignant·e.

2 Transférer ses stratégies : des aide-mémoires à la rédaction de l'explication ⏱ 1 h

Les élèves vont s'entrainer à prélever des informations dans un texte pour justifier une affirmation. Ils devront ensuite les noter sur des aide-mémoires et les mettre en lien afin de rédiger leur explication.

• **Écrire** la question suivante sur une affiche (ou au tableau) :

La vie sur Vénus est impossible. Pourquoi ?

Inviter les élèves à la lire. À côté, afficher la **pièce de puzzle** « 1. Ce que je cherche ». Conserver cet affichage.

• Leur proposer d'utiliser un article du site ESA Kids pour répondre à cette question.

Module 3 · Apprendre à prendre des notes pour rédiger une explication — Épisode 4 | Rédiger des explications avec des liens logiques

Vénus

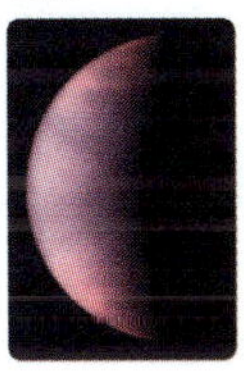

Vénus est la deuxième planète à partir du Soleil. Elle est toujours assez proche du Soleil. Elle est visible dans le ciel le matin et le soir comme une « étoile » : c'est l'objet le plus brillant du ciel pendant la nuit après la Lune. L'observation au télescope montre que Vénus présente des phases, tout comme la Lune.

Vénus est aussi brillante parce qu'elle est couverte de nuages qui réfléchissent la lumière solaire. Les nuages jaunâtres sont gorgés de sulfure et d'acide sulfurique.

★ D'une certaine manière, Vénus est la sœur jumelle de la Terre. Elle a à peu près la même taille et est faite de matières rocheuses. C'est également la planète qui se rapproche le plus de nous. Elle se dissimule toutefois sous une épaisse atmosphère de dioxyde de carbone (gaz carbonique) : le gaz que nous expirons. Cette atmosphère est tellement dense qu'en allant sur la planète, on aurait l'impression de marcher dans l'eau.

Le dioxyde de carbone retient une grande partie de la chaleur du Soleil. Les couches nuageuses agissent également comme d'immenses couvertures. Le résultat est un « puissant effet de serre » qui a déterminé une élévation de la température jusqu'à 483 °C, suffisamment chaude pour faire fondre le plomb. Vénus est donc plus chaude que Mercure.

Il y a des nuages de pluies acides. Lorsqu'il pleut, l'eau fait fondre tout ce qu'elle touche. C'est très dangereux.

La surface de Vénus a été cartographiée par radar. Les cartes montrent des milliers de volcans et de cratères d'impact. On y voit également deux grandes zones montagneuses, avec une chaine de montagnes plus hautes que le Mt. Everest.

L'afficher et demander :

Où allez-vous commencer et terminer votre lecture ?

Réponse attendue : De « Vénus » à « le Mt. Everest ».

Les élèves en difficulté peuvent lire à partir de l'étoile et surligner les informations importantes avant d'écrire leurs aide-mémoires.

Des co-concepteurs ont choisi de lire le texte aux élèves ayant des difficultés en lecture.

• **Rappeler les trois tâches** que les élèves doivent effectuer pour répondre à la question « La vie sur Vénus est impossible. Pourquoi ? ».

1. Chacun lit l'article et note sur ses Post-it les raisons pour lesquelles la vie sur Vénus est impossible.
2. Puis chacun compare ses aide-mémoires avec son voisin.
3. Enfin, en binôme, vous rassemblez et collez les aide-mémoires qui vont ensemble sur les affiches. Vous donnerez un sous-titre à chaque affiche.

Indiquer aux élèves qu'ils ont 25 minutes pour réaliser l'activité.

• **Distribuer le matériel** nécessaire : l'article sur Vénus issu du site de l'ESA Kids, 4 Post-it par élève et 3 affiches vierges par binôme.
Redonner des Post-it à ceux qui le demandent.
Faire coller les aide-mémoires inutiles au dos des affiches.
• Procéder à une **mise en commun** des sous-titres identifiés par les élèves.
Réponses attendues :
Température brulante / Température très chaude
Air / Atmosphère épaisse / Gaz carbonique
Pluies acides / Eau acide
• Demander aux binômes de **ranger leur texte** et de ne conserver que leurs affiches avec les aide-mémoires. **Projeter** la fiche élève et expliquer la consigne.

Les affichages élaborés lors des épisodes précédents sur les conditions d'habitabilité de la Terre (atmosphère, eau, température modérée) ou de non-habitabilité de Mars seront une aide pour les élèves.

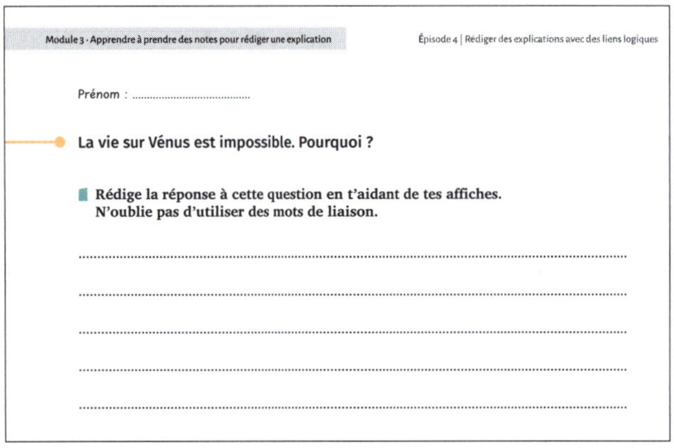
Module 3 · Apprendre à prendre des notes pour rédiger une explication

Épisode 4 | Rédiger des explications avec des liens logiques

Prénom : ....

La vie sur Vénus est impossible. Pourquoi ?

Rédige la réponse à cette question en t'aidant de tes affiches. N'oublie pas d'utiliser des mots de liaison.

Expliciter ce qu'implique le fait d'expliquer à un destinataire novice : il faut donner suffisamment d'informations pour qu'il puisse comprendre l'explication.
S'assurer de la bonne compréhension de la consigne puis **distribuer** une fiche à chaque élève. Laisser environ **10 minutes** de travail individuel.
Créer un groupe de besoin avec les élèves en difficulté afin qu'ils verbalisent ce qu'ils vont écrire.
• Lors de la **mise en commun**, inviter les élèves volontaires à lire leur texte. Les autres élèves sont attentifs et valident selon les trois critères de réussite :
– l'explication a du sens ;
– elle répond à la question ;
– elle comporte des mots de liaison.

• Faire visionner la vidéo « Quelles différences entre la Terre et Vénus ? » du site Lumni.fr (3'07) afin de confirmer les réponses des élèves : https://bit.ly/2Grdxuv.

3 S'auto-évaluer ⏱ 5 min

L'objectif de ce temps d'auto-évaluation est de faire un point sur le degré de maitrise perçu par les élèves sur l'ensemble des compétences travaillées dans le module 3. Il permet aussi, pour les élèves les plus fragiles, de rappeler qu'on ne leur enseigne pas des connaissances sur le système solaire mais bien des stratégies en lecture documentaire.

• **Distribuer** la fiche d'auto-évaluation à chaque élève et la faire **compléter** de manière autonome.

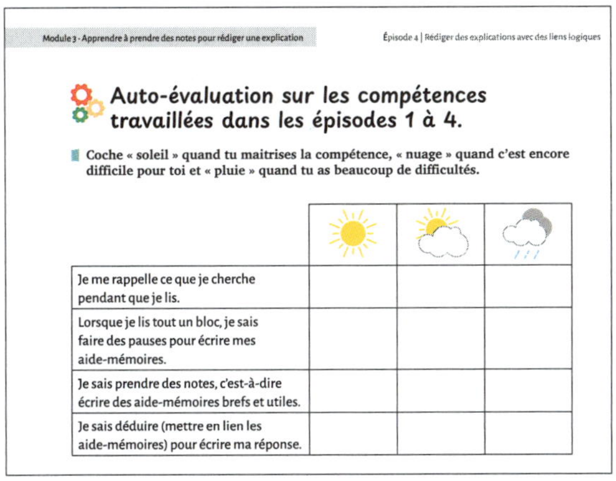

Module 3 · Apprendre à prendre des notes pour rédiger une explication — Épisode 4 | Rédiger des explications avec des liens logiques

Auto-évaluation sur les compétences travaillées dans les épisodes 1 à 4.

Coche « soleil » quand tu maitrises la compétence, « nuage » quand c'est encore difficile pour toi et « pluie » quand tu as beaucoup de difficultés.

	soleil	nuage	pluie
Je me rappelle ce que je cherche pendant que je lis.			
Lorsque je lis tout un bloc, je sais faire des pauses pour écrire mes aide-mémoires.			
Je sais prendre des notes, c'est-à-dire écrire des aide-mémoires brefs et utiles.			
Je sais déduire (mettre en lien les aide-mémoires) pour écrire ma réponse.			

• Procéder à un **rapide bilan** : nombre de soleil, nuage, pluie pour chaque item (faire lever les mains, voir p. 57).

• **Conclure** sur les compétences acquises lors de ce module et sur le travail à venir :

Vous savez prendre des notes et rédiger une explication. Dans le prochain module, nous apprendrons à faire des exposés.

Cette auto-évaluation permet aux élèves de se positionner sur leurs compétences, donc à faire un pas de côté (métacognition). Elle donne aussi à voir aux enseignants le degré de maitrise déclaré par les élèves. Si tout n'est pas acquis, ce n'est pas un problème car les compétences évaluées seront de nouveau entrainées au module 4.

Prolongement

• Proposer une activité décrochée pour travailler sur le sens des mots de liaison, comme en fin d'épisode 3.

Une classe a répondu à la question « Vénus est-elle habitable ? » mais il n'y a aucun mot de liaison dans le texte réponse.

Afficher le texte à trous et inviter les élèves à le compléter.
Relire collectivement le texte complété pour en vérifier le sens.
Cette activité peut être menée avec la Learning Apps : https://urlz.fr/hOze.

Réponse attendue :
Vénus est trop proche du Soleil, **c'est pourquoi/donc** les températures sont extrêmement brûlantes. Il fait 465°, **donc/c'est pourquoi** tout brûle.
On ne peut pas respirer **car** l'atmosphère est épaisse **et** il n'y a pas d'oxygène.
De plus, il y a des pluies acides qui font fondre tout ce qu'elles touchent.
Par conséquent, la vie n'est pas possible sur Vénus.

Apprendre à faire des exposés

objectif du module 4

Réutiliser les compétences travaillées dans les modules 1 à 3 pour faire un exposé.

plan du module 4

Épisode 1. S'approprier une démarche pour rédiger un exposé
Épisode 2. Réinvestir la démarche pour rédiger un exposé

matériel

affichages collectifs

- Un exemple d'exposé.
- Vidéo « 1 jour, 1 question, C'est quoi le château de Versailles ? ».
- Vidéo d'introduction du webdocumentaire « Il était trois fois Versailles », Canopé.
- Les étiquettes des 6 étapes de la démarche.
- Les 3 pièces du puzzle de la démarche.
- Vidéo « La galerie des glaces » du webdocumentaire « Il était trois fois Versailles », Canopé.
- Article « Galerie des glaces » de Vikidia.
- Vidéo de présentation des personnages du château de Versailles du webdocumentaire « Il était trois fois Versailles », Canopé.Vidéo « Louis XIV » du webdocumentaire « Il était trois fois Versailles », Canopé.
- Vidéo « Louis XIV, Quelle histoire ! », TV5 Monde.

fiches individuelles à photocopier

- Article « Galerie des glaces » de Vikidia.
- Les aide-mémoires rédigés par des élèves virtuels.
- Des images de la galerie des glaces du château de Versailles.
- Documentaire « Louis XIV », *Le Petit Quotidien*, n° 5671, PlayBac Presse.
- Documentaire « Qui est Louis XIV ? », *Louis XIV à Versailles*, éd. Nathan.
- Documentaire « Le roi Soleil, une personnalité brillante », *Histoire Junior*, n° 82, éd. Faton.
- Documentaire « Louis XIV, le roi Soleil », *Les 10 plus grands rois de France racontés aux enfants*, éd. Larousse.
- Les aide-mémoires rédigés par des élèves virtuels.
- Des images de Louis XIV.

épisode 1

S'approprier une démarche pour rédiger un exposé

Ce que vos élèves devront avoir retenu à la fin de l'épisode :
Réaliser un exposé se fait en six étapes. Dans ces étapes, nous appliquons ce que nous avons appris : ce que je cherche, ce que je sélectionne, ce que j'en déduis pour aboutir à la rédaction et la présentation de l'exposé.

Durée : 2h40, à organiser en plusieurs séances.

Nous conseillons de mener cet épisode en quatre séances : tout d'abord les étapes 1 et 2 pour présenter et s'approprier le projet, puis l'étape 3 pour sélectionner les informations, ensuite l'étape 4 pour rédiger son exposé et enfin l'étape 5 pour le présenter.

Matériel
Diaporama « Exposé 1 » (https://vu.fr/DwfjL).
Une ardoise ou un cahier d'essais par élève.

- Étape 1 : Un exemple d'exposé.
  Vidéo « 1 jour, 1 question, C'est quoi le château de Versailles ? » (https://urlz.fr/cLRG).
- Étape 2 : Vidéo d'introduction du webdocumentaire « Il était trois fois Versailles », Canopé (https://urlz.fr/9KiJ).
  Les étiquettes des étapes 1 à 3 de la démarche.
  Les pièces 1 et 2 du puzzle de la démarche.
  Deux affiches vierges.
- Étape 3 : Les étiquettes des étapes 4 et 5 de la démarche.
  La pièce 3 du puzzle de la démarche.
  Vidéo « La galerie des glaces » du webdocumentaire « Il était trois fois Versailles », Canopé.
  Des Post-it (au moins 6 par élève).
  Des Post-it grand format.
  L'article « Galerie des glaces » de Vikidia (format collectif + individuel).
  3 feuilles A4 par binômes.
  Les aide-mémoires rédigés par des élèves virtuels (format individuel).
- Étape 4 : 1 feuille A4 par élève.
- Étape 5 : L'étiquette de l'étape 6 de la démarche.
  3 feuilles A4 par binôme.
  1 feuille A3 par binôme.
  Des images de la galerie des glaces du château de Versailles.

1 Présenter l'objectif du module 4 et du premier épisode, et mobiliser les connaissances des élèves 15 min

Ce temps permet de présenter les apprentissages à venir aux élèves en montrant ce qu'est un exposé et son enjeu. Il permet aussi de mobiliser leurs connaissances sur le château de Versailles avant d'aborder les documentaires.

- En guise d'introduction, **demander** :

Un exposé, qu'est-ce que c'est ? À quoi ça sert ?

Recueillir les représentations des élèves **oralement**.

• Puis **afficher un exposé** disponible dans votre école ; par exemple :

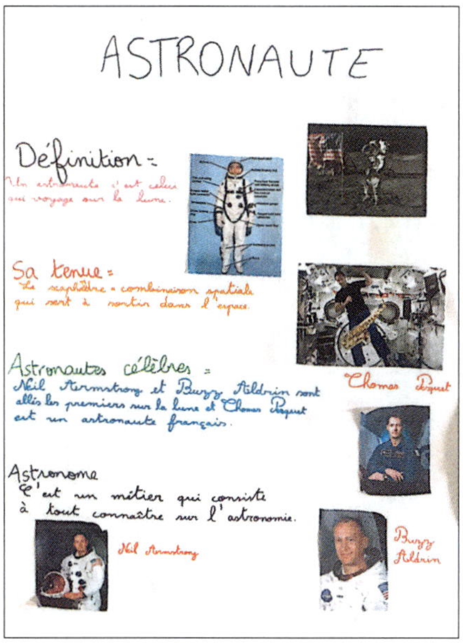

Exemple d'exposé réalisé à l'école Mermoz (Orléans).

En faire émerger les caractéristiques.

Voici un exposé sur les astronautes. Que remarquez-vous ?

Réponses attendues : L'exposé explique quelque chose à quelqu'un. Il est constitué de blocs : sous-titres, paragraphes, images.

• **Annoncer l'objectif** du module 4 et plus particulièrement de ce premier épisode :

Vous allez apprendre à faire un exposé que vous présenterez à vos parents.
Dans un premier temps, nous allons faire ensemble un exposé sur la galerie des glaces du château de Versailles.

Expliquer aux élèves que toutes les stratégies qu'ils ont apprises dans les modules 1 à 3 vont leur permettre de réaliser cet exposé.

Pour cela, vous allez réutiliser ce que vous avez appris précédemment : « 1. Ce que je cherche » ; « 2. Ce que je sélectionne » ; « 3. Ce que j'en déduis ».

La construction des exposés s'appuie sur **une démarche en 6 étapes** :

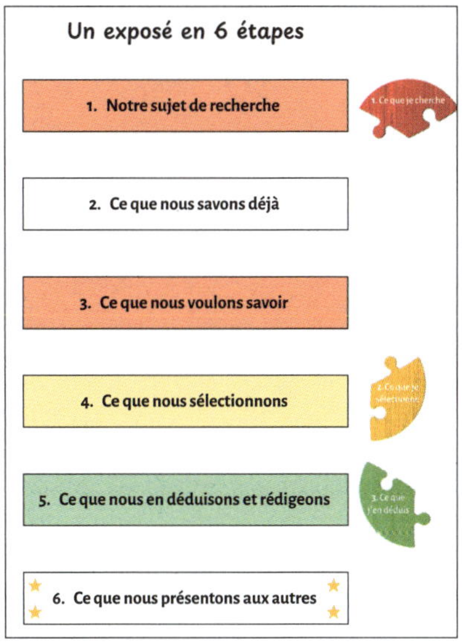

1. Les élèves prennent connaissance de la thématique de recherche.
2. Ils mobilisent ce qu'ils savent sur le sujet.
3. Il s'agit ensuite de recueillir ce qu'ils veulent savoir ; les questions sont propres à chaque classe.
4. Leurs interrogations permettent de sélectionner les éléments utiles pour y répondre. La prise de notes, avec des aide-mémoires, se fait sur différents supports documentaires.
5. Les élèves rédigent leurs paragraphes en s'appuyant sur leurs aide-mémoires regroupés par thématiques.
6. Ils présentent leur exposé, sans le lire, au reste de la classe.

• **Mobiliser les connaissances** personnelles des élèves sur le château de Versailles.

Pour commencer, vérifions vos connaissances. Que savez-vous sur le château de Versailles ? Chuchotez la réponse à l'oreille de votre voisin.

Laisser un bref temps d'échanges puis recueillir, à l'oral, ce que les élèves savent sur ce château.

Cet épisode est centré sur la galerie des glaces. Ici, il s'agit juste d'une réactivation des connaissances générales. Il n'est donc pas utile de faire une affiche.

• Valider, invalider ou compléter les propositions à l'aide de la vidéo « 1 jour, 1 question, C'est quoi le château de Versailles ? », Lumni. Fr, France TV (1'42) : https://urlz.fr/cLRG.

2 S'approprier le sujet pour mieux comprendre ⏱ 25 min

Les élèves vont mobiliser leurs connaissances personnelles sur la galerie des glaces du château de Versailles et lister les questions qu'ils se posent à ce sujet. Leurs connaissances seront validées ou complétées à l'aide d'une vidéo.

• **Visionner la vidéo d'introduction** du webdocumentaire « Il était trois fois Versailles », Canopé (https://urlz.fr/9KiJ). Expliquer aux élèves que ce documentaire en ligne permet une visite virtuelle et commentée du château de Versailles, selon 3 thématiques : « Les lieux » ; « Les personnages » ; « Les œuvres d'art ».

• Suivre, pas à pas, les 6 étapes de la démarche pour réaliser un exposé.

Afficher l'étiquette de l'étape 1 avec la pièce de puzzle « 1. Ce que je cherche » :

Il est conseillé d'imprimer les six étiquettes des étapes qui reprennent sciemment les couleurs des trois pièces de puzzle. Ce matériel est à afficher tout au long du module pour structurer les différentes phases de réalisation de l'exposé.

1. Notre sujet de recherche

Demander :

Quel est notre sujet de recherche ?

Interroger des élèves (notamment les plus fragiles) et valider :

Faire un exposé sur la galerie des glaces.

• **Afficher l'étiquette de l'étape 2** et demander aux élèves ce qu'ils connaissent sur la galerie des glaces.

2. Ce que nous savons déjà

Laisser un temps d'échanges, en binômes (chuchotage). Puis **lister** les connaissances des élèves, sous forme de **prise de notes**, au tableau ou sur une affiche.

• **Afficher l'étiquette de l'étape 3** et demander aux élèves ce qu'ils souhaiteraient savoir sur la galerie des glaces.

3. Ce que nous voulons savoir

Les inviter à **noter sur leur ardoise** un ou plusieurs thèmes qu'ils aimeraient aborder. Lors de la mise en commun, les **lister au tableau**.

Exemples de thèmes relevés lors des tests en classe : l'histoire de la galerie des glaces, sa construction, son utilisation, sa décoration, ses événements historiques importants, ses miroirs, les personnes qui fréquentaient la galerie des glaces...

Poursuivre :

Pour chaque thème, listez les questions que vous vous posez.

Laisser un temps individuel écrit, sur l'ardoise, avant de mettre en commun.
Écrire, sur une affiche, les thèmes retenus et entre 5 et 8 questions ; cet affichage est un référent à conserver jusqu'à la fin de l'épisode.

La catégorisation des questions prépare à une réflexion sur l'écriture des sous-titres lors de l'étape 3.

Exemples de questions relevées lors des tests en classe :

La galerie des glaces

Sa construction

Qui a décidé de construire la galerie des glaces ?
Combien de temps a duré sa construction ?

Sa décoration, son architecture

Comment est-elle décorée ?
Combien y a-t-il de miroirs ? Pourquoi y a-t-il autant de miroirs ?
Quelle est sa taille ?

Les personnes qui la fréquentent

Qui venait dans la galerie des glaces ?
Est-ce que Louis XIV allait souvent dans la galerie des glaces ?

Son rôle

À quoi servait la galerie des glaces ?
Quels événements célèbres ont eu lieu dans la galerie des glaces ?

- **Imposer une question :**

Et moi, je souhaiterais savoir où les glaces ont été fabriquées ?

- **Projeter la page d'accueil** du webdocumentaire et faire anticiper la navigation pour obtenir des informations sur la galerie des glaces.

Où cliquer pour accéder à la galerie des glaces ?

Valider : il faut cliquer sur « Lieux ».

D'après https://www.reseau-canope.fr/il-etait-trois-fois-versailles/#Accueil

Cela déclenche une présentation des lieux par un conférencier ; la visionner avec les élèves.

3 Sélectionner les informations utiles à ce qu'on cherche ⏱ 45 min

Cette étape permet aux élèves de chercher les réponses à leurs questions grâce au webdocumentaire et à un article Vikidia sur la galerie des glaces. C'est une occasion de réinvestir et de consolider le travail de prise de notes à l'aide des aide-mémoires.

• **Demander** aux élèves de choisir 3 ou 4 questions listées sur l'affiche en étape 2 et rappeler la question imposée : « Où les glaces ont-elles été fabriquées ? »
Leur **expliquer** qu'ils vont visionner une vidéo sur la galerie des glaces du château de Versailles et prendre des notes pour répondre à ces questions. Leur **distribuer** 4 Post-it à chacun.
Rappeler qu'il faut y noter uniquement les informations utiles par rapport à ce que la classe recherche, sous forme de mots-clés (il est interdit de faire des phrases).
• **Afficher l'étiquette de l'étape 4** avec la pièce de puzzle « 2. Ce que je sélectionne ».

4. Ce que nous sélectionnons

• **Projeter** le sommaire de l'onglet « Lieux » du webdocumentaire « Il était trois fois Versailles », Canopé (cliquer sur l'onglet « Galerie Lieux » pour ne pas revoir la présentation du conférencier).

D'après https://www.reseau-canope.fr/il-etait-trois-fois-versailles/#Accueil

Demander :
Où cliquer pour accéder à la galerie des glaces ?
Valider : « La galerie des glaces ».
Cliquer et **visionner la vidéo**. Les élèves prennent des notes sur leurs Post-it afin de constituer des aide-mémoires.

Les co-concepteurs conseillent de marquer des pauses lors du visionnage pour s'assurer de la bonne compréhension du documentaire et/ou de regarder la vidéo une deuxième fois si nécessaire.

L'enseignant peut donner les **apports notionnels** suivants :
– Traité de Versailles : traité de paix signé le 28 juin 1919 entre l'Allemagne et les Alliés à l'issue de la Première Guerre mondiale.
– Salle des pas perdus : une hypothèse sur l'origine de ce nom serait la perte de temps liée à l'attente (faire des « pas perdus » en attendant).
– Jules Hardouin-Mansart fut le premier architecte du roi Louis XIV.
• Lors de la **mise en commun**, interroger quelques élèves et déterminer si leurs aide-mémoires sont utiles pour répondre aux questions choisies par la classe : l'élève lit un de ses aide-mémoires et la classe valide s'il est utile ou non.

Au signal, les élèves peuvent lever le nombre de doigts correspondant à la question pour que tous les élèves soient impliqués dans la validation de l'aide-mémoire lu.

Si l'aide-mémoire est validé, l'enseignant recopie l'information sur un Post-it grand format qu'il pose sur l'affiche (amorcée en étape 2), face à la question correspondante. Les élèves conservent tous leurs Post-it pour la suite de la démarche.

• Si nécessaire, **collecter de nouvelles questions** pour enrichir la recherche d'informations qui va suivre.

Le fait d'avoir visionné la vidéo sur la galerie des glaces fait parfois émerger des questions plus pertinentes. *Des co-concepteurs ont donc opté pour une nouvelle collecte afin de rendre la recherche documentaire plus intéressante.*

• Il est fort probable qu'il n'y ait pas de réponses à toutes les questions choisies. C'est notamment le cas pour la question : « Où les glaces ont-elles été fabriquées ? ».
Enrichir les connaissances des élèves à l'aide d'un article d'encyclopédie en ligne : afficher l'article « Galerie des glaces » de Vikidia.

Page Discussion Lire Modifier Modifier le wikicode Voir l'historique Rechercher sur Vikidia

Accueil
Pages par thèmes
Page au hasard

Des questions ?
Le Savant
Demander un article
Bavardages

Contribuer
Accueil de l'aide
Communauté
Modifications récentes
Projets pédagogiques

Outils
Pages liées
Suivi des pages liées
Pages spéciales
Lien permanent
Informations sur la page
Citer cette page

Vikidia
À propos de Vikidia
Contact
Faire un don

Imprimer/exporter
Créer un livre
Version imprimable

Sur d'autres projets
Wikipédia

Galerie des Glaces

Des questions ?
Pose-les au Savant !

La **galerie des Glaces**, ou **Grande Galerie**, est une pièce du château de Versailles construite entre 1678 et 1684, sur la terrasse qui donnait sur les jardins (le château était habité en permanence depuis 1682). Elle est célèbre par les 17 panneaux formés de 21 glaces chacun qui font face aux 17 fenêtres, donnant sur les jardins. Elle a été dessinée par l'architecte Jules Hardouin-Mansart et décorée par Charles Le Brun.

La Galerie faisait partie du grand appartement du roi. À l'origine, elle servait de lieu de passage entre les deux ailes du château, mais aussi pour quelques très grandes réceptions. Elle possédait un mobilier en argent massif qui a été fondu pour financer la guerre de la Ligue d'Augsbourg (1688-1697).

En janvier 1871, c'est dans cette galerie qu'en est proclamé l'Empire allemand, permettant la réalisation de l'unification allemande. En janvier 1919, le traité de Versailles, qui réglait le sort de l'Allemagne vaincue après la Première Guerre mondiale, est également signé dans la galerie des Glaces.

Vue générale de la galerie des Glaces.

Sommaire [masquer]
1 Géographie
2 Décoration
2.1 Les glaces
2.2 Les murs
2.3 Le plafond

Géographie [modifier | modifier le wikicode]

La Galerie des Glaces est située entre le salon de la Guerre, au nord, qui mène aux grands appartements du roi et le Salon de la Paix, au sud, qui mène aux grands appartements de la reine.

La galerie est située à l'emplacement d'une terrasse sur laquelle donnait la chambre du roi avec une vue sur les jardins. Cette terrasse avait été imaginée par l'architecte Louis Le Vau lorsqu'il avait enveloppé le château primitif datant du règne de Louis XIII.

Vue sur le parc de Versailles depuis une fenêtre de la Galerie.

D'après Vikidia (juillet 2023) : https://fr.vikidia.org/wiki/Galerie_des_Glaces

Faire anticiper la lecture :

Comment allez-vous lire cet article ?

Valider la démarche à suivre : il est inutile de lire le bandeau et les onglets ; il faut survoler l'article pour identifier le bloc sommaire ; puis lire entièrement le sommaire pour choisir le ou les blocs utiles ; enfin lire entièrement ce ou ces paragraphes.

• **Distribuer** l'article Vikidia et deux nouveaux Post-it par élève. Chacun lit l'article et prélève les informations utiles pour répondre aux questions.

Donner de nouveaux Post-it aux élèves qui en ont besoin.

• Demander aux élèves de **ranger** leur article Vikidia puis procéder à la **mise en commun.** Faire valider les aide-mémoires utiles.

Demander de ranger l'article permet aux élèves de ne se fier qu'à leurs aide-mémoires pour vérifier leur pertinence.

• **Afficher l'étiquette de l'étape 5** et la pièce de puzzle « 3. Ce que j'en déduis ».

5. Ce que nous en déduisons et rédigeons

Organiser la classe en binômes. **Donner** 3 feuilles A4 et les aide-mémoires d'élèves virtuels à chaque groupe.

Par deux, rassemblez vos aide-mémoires et ceux des élèves virtuels. Collez sur les feuilles ceux qui vont ensemble. Puis indiquez un sous-titre sur chaque affiche.

Préciser qu'ils doivent d'abord comparer leurs aide-mémoires puis les regrouper par thème abordé. Les aide-mémoires inutiles sont collés au dos des feuilles.

Les aide-mémoires rédigés par des élèves virtuels permettent d'enrichir et de faciliter la catégorisation sur les affiches. Les élèves peuvent aussi s'appuyer sur la catégorisation des questions notées sur l'affiche en étape 2.

Leur laisser **15 minutes** pour réaliser ce travail.

• **Mettre en commun** les sous-titres identifiés par les élèves.

Exemples de thèmes relevés lors des tests en classe :

À quoi sert la galerie des glaces ? / Son rôle / Son utilité
À quoi servait cette pièce avant ?
Ce qu'on y fait
Ce qu'on y voit
La galerie des glaces en chiffres
La décoration de la galerie des Glaces
Les miroirs...

Conserver les affiches avec les aide-mémoires ; elles serviront lors de la prochaine étape.

4 Rédiger son exposé ⏱ 45 min

Les élèves vont se servir de leurs affiches pour rédiger leur exposé. La mise en commun permet de valider les caractéristiques textuelles du documentaire (un titre, des blocs…).

• **Distribuer** une feuille A4 par élève. **Demander** aux élèves de rédiger leur exposé avec leur binôme en s'appuyant sur les affiches conçues à l'étape précédente. **Préciser** que ce premier jet est un brouillon mais que leur texte devra être compréhensible pour des élèves qui n'ont aucune connaissance sur la galerie des glaces.
Pendant la rédaction, faire lire des paragraphes afin de relancer l'écriture de certains binômes.

Écouter les productions d'autres groupes permet aux élèves bloqués d'avoir des exemples et de relancer leur écriture. Cela permet aussi aux élèves dont la production est pauvre de l'enrichir en se nourrissant des autres productions. C'est une régulation par l'apport des pairs nommée « co-pillage » par le GFEN.

Demander à ceux qui ont terminé en premier d'entourer les blocs de leur exposé.
• Au bout de 20 minutes environ, **afficher trois exposés.** Faire identifier les similitudes et les différences :

Faire entourer les blocs permet non seulement de réinvestir cette notion mais aussi de faciliter la comparaison des structures des exposés qui suit.

– sur la forme : titre, sous-titres, nombre de blocs, le nombre de questions traitées…
– sur le fond : paragraphes compréhensibles ; usage de mots de liaison pour faciliter la lecture…
• Après cette mise en commun, inviter les élèves à **modifier le premier jet** de leur exposé. Puis ramasser leurs brouillons afin de les corriger selon les habitudes de classe. Conserver les affiches avec les aide-mémoires : elles seront utiles à l'étape suivante.

5 Recopier son exposé au propre et le présenter ⏱ 30 min

Les élèves recopient au propre leur exposé puis s'entrainent à le présenter sans le lire.

• **Afficher l'étiquette de l'étape 6 :**

★ **6. Ce que nous présentons aux autres** ★

Rendre les premiers jets des exposés corrigés à chaque binôme. Inviter les élèves à **recopier, au propre,** les paragraphes de leur exposé.
Par deux, rédigez au propre et illustrez votre exposé sur la galerie des glaces.
Distribuer des feuilles A4 à chaque groupe pour qu'il puisse recopier un bloc par feuille. Une fois le recopiage terminé, distribuer les images pour illustrer les paragraphes. Puis donner une feuille A3 à chaque binôme pour qu'il y colle les blocs découpés (dans les feuilles A4) et les images.

Il est aussi possible d'utiliser le traitement de texte pour mettre au propre l'exposé (compétences PIX).

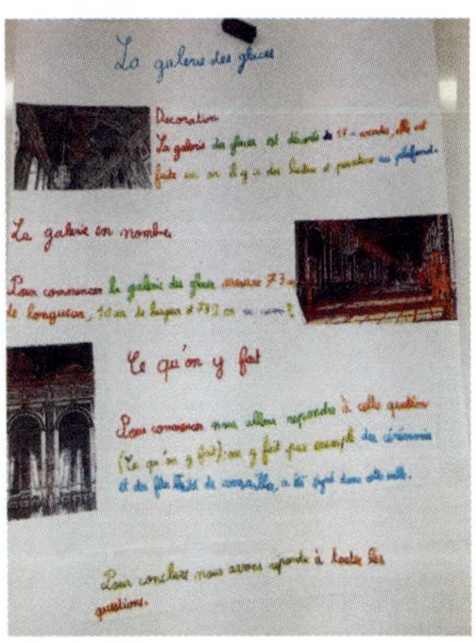

• Une fois le travail finalisé, entrainer les élèves **à présenter** leur exposé sans le lire.

Entrainons-nous à présenter votre exposé à la classe. Par deux, l'un s'entraine à reformuler ce qu'il a compris. Au signal, l'autre pourra rectifier et compléter.

Préciser qu'il est interdit de lire les textes : ils peuvent s'aider de leurs affiches avec les aide-mémoires pour « dire » au lieu de lire.
Laisser les élèves s'entrainer environ **15 minutes**.

Les co-concepteurs conseillent de laisser un temps suffisant d'entrainement.

• Pour la mise en commun, inviter au moins un binôme volontaire **à présenter son exposé.** Afficher leur production au tableau afin que les deux élèves la présentent (avec ou sans leur affiche aide-mémoires).
Faire un retour immédiat selon deux critères de réussite :
– les élèves n'ont pas lu leur exposé ;
– ce qu'ils ont reformulé était compréhensible et juste.
• Puis demander aux élèves de se mettre par 4 pour que chaque dyade présente son travail à une autre dyade. Tous les élèves doivent présenter au moins un paragraphe. Chaque dyade fait un retour selon les deux critères de réussite, ci-dessus.

• **Afficher** les productions pour que tous les élèves puissent prendre connaissance du travail des autres binômes.

• **Conclure** en récapitulant les six étapes qui ont permis de bâtir l'exposé.

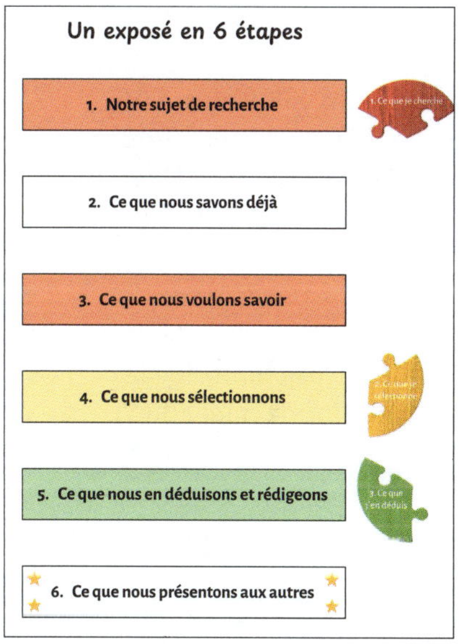

Et annoncer :

La prochaine fois, vous utiliserez les mêmes étapes pour faire un exposé sur un personnage du château de Versailles.

Prolongement

• Afin de faire découvrir un autre lieu mythique du château de Versailles, visionner la présentation de la chambre du roi dans le webdocumentaire « Il était 3 fois Versailles », Canopé.

Ce prolongement n'apporte rien de plus sur l'apprentissage des stratégies de lecture mais renforce la culture générale et prépare à la découverte du personnage de Louis XIV dans l'épisode 2.

épisode 2

Réinvestir la démarche pour rédiger un exposé

Ce que vos élèves devront avoir retenu à la fin de l'épisode :
Nous savons réaliser les 6 étapes pour faire un exposé. Nous sommes de plus en plus autonomes pour rédiger notre exposé.

Durée : 2h40, à organiser en plusieurs séances.

Nous conseillons de mener cet épisode en quatre séances : une par étape.

Matériel
Diaporama « Exposé 2 » (https://vu.fr/jhhxy).
Une ardoise ou un cahier d'essais par élève.

- Étape 1 : Les étiquettes des étapes 1 à 3 de la démarche.
  Les pièces 1 et 2 du puzzle de la démarche.
  Vidéo de présentation des personnages du château de Versailles du webdocumentaire « Il était trois fois Versailles », Canopé (https://urlz.fr/9KGH).
- Étape 2 : Les étiquettes des étapes 4 et 5 de la démarche.
  La pièce 3 du puzzle de la démarche.
  Vidéo « Louis XIV » du webdocumentaire « Il était trois fois Versailles », Canopé.
  Des Post-it (au moins 8 par élève).
  Des Post-it grand format.
  L'article « Louis XIV » de Vikidia (https://fr.vikidia.org/wiki/Louis_XIV).
  Le documentaire « Louis XIV », *Le Petit Quotidien*, n° 5671, PlayBac Presse.
  Le documentaire « Qui est Louis XIV ? », *Louis XIV à Versailles*, éd. Nathan.
  Le documentaire « Le roi Soleil, une personnalité brillante », *Histoire Junior*, n° 82, éd. Faton.
  Le documentaire « Louis XIV, le roi Soleil », *Les 10 plus grands rois de France racontés aux enfants*, éd. Larousse.
  Vidéo « Louis XIV, Quelle histoire ! », TV5 Monde (https://vu.fr/YQXLr).
  Les aide-mémoires rédigés par des élèves virtuels (format individuel).
  3 feuilles A4 par binômes.
- Étape 3 : 1 feuille A4 par élève.
- Étape 4 : L'étiquette de l'étape 6 de la démarche.
  3 feuilles A4 par binôme.
  1 feuille A3 par binôme.
  Des images de Louis XIV.

1 Présenter l'objectif de l'épisode et s'approprier le sujet pour mieux comprendre ⏱ 25 min

Les élèves vont mobiliser leurs connaissances personnelles sur le personnage de Louis XIV. Ensuite, par deux, ils vont lister les questions qu'ils se posent sur ce personnage.

Ces connaissances sont à conserver (dans le cahier d'essais, par exemple) car ils les reliront en fin de séance pour mesurer tout ce qu'ils ont appris grâce à leur recherche documentaire.

- **Annoncer l'objectif** de ce deuxième épisode :

Aujourd'hui, vous allez réaliser, en binôme, un exposé sur un personnage du château de Versailles. Pour cela, vous allez suivre pas à pas les 6 étapes que nous avons apprises.

• **Afficher l'étiquette de l'étape 1** avec la pièce de puzzle « 1. Ce que je cherche » :

1. Notre sujet de recherche

Dire :

Vous allez faire un exposé sur Louis XIV.

• **Afficher l'étiquette de l'étape 2** et demander aux élèves ce qu'ils connaissent sur Louis XIV.

2. Ce que nous savons déjà

Leur proposer de constituer la liste de leurs connaissances dans leur cahier d'essais :

Écrivez tout ce que vous savez à son sujet.

Laisser environ 5 minutes pour cet écrit individuel.

• **Afficher l'étiquette de l'étape 3** et demander aux élèves ce qu'ils souhaiteraient savoir sur Louis XIV.

3. Ce que nous voulons savoir

En binôme, les inviter à **noter sur leur cahier d'essais** un ou plusieurs thèmes qu'ils aimeraient aborder.

Exemples de thèmes relevés lors des tests en classe : sa vie, son quotidien, sa famille, son caractère, ses gouts, son règne, son pouvoir, ses conquêtes, ses batailles, son nom, son château…

Poursuivre :

Par deux, listez, dans votre cahier d'essais, les questions que vous vous posez pour chaque thème.

Laisser un temps d'écriture en binôme avant de mettre en commun. **Faire lire des questions** et mettre en évidence, oralement, les questions posées différemment qui traitent du même sujet.

Ce temps permet aux élèves de s'inspirer des questions de leurs pairs mais aussi de préparer une catégorisation par thématique.

Écrire, sur une affiche, les thèmes retenus et entre 5 et 8 questions ; cet affichage est un référent à conserver jusqu'à la fin de l'épisode.

Exemples de questions relevées lors des tests en classe :

Louis XIV

Son caractère, ses gouts

Quel était son caractère ?

Quels étaient ses loisirs ?

Son quotidien, sa famille

Quels sont les événements marquants de sa vie ?

Que faisait-il de ses journées ?

Qui sont les membres de sa famille (femme, enfants, père…) ?

Son règne, son pouvoir, ses conquêtes, ses batailles

Combien d'années a-t-il régné ?

A-t-il fait des guerres ? / A-t-il gagné des territoires ?

Son surnom, « le roi Soleil »

Qui le surnommait le roi Soleil ?

Pourquoi l'appelait-on ainsi ?

• **Projeter la page d'accueil** du webdocumentaire et faire anticiper la navigation pour obtenir des informations sur Louis XIV.

Où cliquer pour accéder à la présentation de Louis XIV ?

Valider : il faut cliquer sur « Personnages ».

D'après https://www.reseau-canope.fr/il-etait-trois-fois-versailles/#Accueil

Cela déclenche une présentation par un conférencier ; la visionner avec les élèves.

2 Sélectionner les informations utiles à ce qu'on cherche ⏱ 1 h

Les élèves vont se constituer des aide-mémoires à partir d'une vidéo sur Louis XIV et de différents documentaires disponibles en classe.

• Reconstituer les binômes comme en étape 1. **Demander** aux élèves de choisir 3 ou 4 questions listées sur l'affiche (amorcée en étape 1).
Leur **expliquer** qu'ils vont visionner une vidéo sur Louis XIV et prendre des notes pour répondre à ces questions. Leur **distribuer** 4 Post-it à chacun.
Rappeler qu'il faut y noter uniquement les informations utiles par rapport à ce que la classe recherche, sous forme de mots-clés (il est interdit de faire des phrases).

• **Afficher l'étiquette de l'étape 4** avec la pièce de puzzle « 2. Ce que je sélectionne ».

4. Ce que nous sélectionnons

• **Projeter** le sommaire de l'onglet « Personnages » du webdocumentaire « Il était trois fois Versailles », Canopé (cliquer sur l'onglet « Galerie Personnages » pour ne pas revoir la présentation du conférencier).

D'après https://www.reseau-canope.fr/il-etait-trois-fois-versailles/#Accueil

Demander :

Où cliquer pour accéder à la présentation de Louis XIV ?

Valider : « Louis XIV ».

Cliquer et **visionner la vidéo**. Les élèves prennent des notes sur leurs Post-it afin de constituer des aide-mémoires.

Les co-concepteurs conseillent de marquer des pauses lors du visionnage pour s'assurer de la bonne compréhension du documentaire et/ou de regarder la vidéo une deuxième fois si nécessaire.

• Après ce travail de prise de notes, **demander** :

Avez-vous trouvé des réponses à toutes vos questions ?

Ce n'est probablement pas le cas.

• Suite au visionnage de la vidéo, certains élèves auront de nouvelles questions, plus pertinentes. Si nécessaire, **collecter de nouvelles questions** pour rendre la recherche d'informations qui va suivre plus intéressante.

• **Enrichir les connaissances** des élèves à l'aide d'articles d'encyclopédie papier et en ligne.

Pour vous aider à répondre à vos questions, je vais mettre à votre disposition différents documentaires. Vous allez les lire et prendre des notes. Quand vous aurez lu un document, vous le remettrez à disposition des autres groupes.

Les co-concepteurs conseillent de faire tourner les documents toutes les 7 minutes environ.

Mettre à leur disposition 5 documentaires, 4 papier et 1 en ligne :

– « Louis XIV », *Le Petit Quotidien*, n° 5671, PlayBac Presse.

– « Qui est Louis XIV ? », *Louis XIV à Versailles*, éd. Nathan.

– « Le roi Soleil, une personnalité brillante », *Histoire Junior*, n° 82, éd. Faton.

– « Louis XIV, le roi Soleil », *Les 10 plus grands rois de France racontés aux enfants*, éd. Larousse.

L'article Vikidia sur Louis XIV (https://fr.vikidia.org/wiki/Louis_XIV) est à consulter sur l'ordinateur de la classe (consultation par rotations).

Il est conseillé d'imprimer au moins 4 exemplaires de chaque document afin que les rotations entre élèves soient fluides.

Rappeler que les documentaires ne se lisent pas comme un roman, qu'il faut s'aider du sommaire et des sous-titres pour identifier les blocs intéressants qui seront lus entièrement.

• **Distribuer** quatre nouveaux Post-it par élève. Chacun lit les articles et prélève les informations utiles pour répondre aux questions.

Donner de nouveaux Post-it aux élèves qui en ont besoin.

• Clôturer ce temps de prise de notes par le **visionnage d'une vidéo** qui résume les éléments marquants de la vie du roi Soleil : « Louis XIV, Quelle histoire ! », TV5 Monde (4'20) : https://vu.fr/YQXLr.

Cette vidéo résume la vie de Louis XIV. Certains co-concepteurs ont laissé les élèves enrichir leurs aide-mémoires avec les informations prises dans cette vidéo.

• **Afficher l'étiquette de l'étape 5** et la pièce de puzzle « 3. Ce que j'en déduis ».

5. Ce que nous en déduisons et rédigeons

Annoncer :

Avec votre binôme, rassemblez vos aide-mémoires. Collez sur les feuilles ceux qui vont ensemble. Puis indiquez un sous-titre sur chaque affiche.

Donner 3 feuilles A4. **Différencier**, en donnant des aide-mémoires d'élèves virtuels aux groupes pour lesquels la prise de notes aurait été pauvre. Préciser qu'ils doivent d'abord comparer leurs aide-mémoires puis les regrouper par thème abordé.
Les aide-mémoires inutiles sont collés au dos des feuilles.
Leur laisser **15 minutes** pour réaliser ce travail.

Les aide-mémoires rédigés par des élèves virtuels permettent d'enrichir et de faciliter la catégorisation sur les affiches. Les élèves peuvent aussi s'appuyer sur la catégorisation des questions notées sur l'affiche en étape 1.

• **Mettre en commun** les sous-titres identifiés par les élèves.
Exemples de thèmes relevés lors des tests en classe :
Le caractère de Louis XIV / Ses gouts
La vie de Louis XIV / Qui est Louis XIV ?
Son quotidien / Sa famille
Le roi Soleil : pourquoi ?
Le règne de Louis XIV
Le pouvoir du roi
Ses conquêtes / Les batailles qu'il a menées
Le château de Versailles

Conserver les affiches avec les aide-mémoires ; elles serviront lors de la prochaine étape.

3 Rédiger son exposé ⏱ 45 min

Les élèves vont se servir de leurs affiches pour rédiger leur exposé.
La mise en commun permet de valider les caractéristiques textuelles du documentaire (un titre, des blocs...).

• **Distribuer** une feuille A4 par élève. **Demander** aux élèves de rédiger leur exposé avec leur binôme en s'appuyant sur les affiches conçues à l'étape précédente. **Préciser** que ce premier jet est un brouillon mais que leur texte devra être compréhensible pour des élèves qui n'ont aucune connaissance sur Louis XIV.
Pendant la rédaction, faire lire des paragraphes afin de relancer l'écriture de certains binômes.

Pendant la rédaction, faire lire des paragraphes afin de permettre le « pillage » par les autres groupes.
Les co-concepteurs recommandent cette pratique pour permettre aux élèves de se rendre compte si leur texte est compréhensible et pour enrichir les exposés.

Demander à ceux qui ont terminé les premiers d'entourer les blocs de leur exposé.
• Pour clôturer la séance, inviter des binômes volontaires à **lire un ou plusieurs blocs** de leur exposé.
La classe valide selon le critère de réussite :

Est-ce compréhensible pour des élèves qui n'ont aucune connaissance sur Louis XIV ?

• Après cette mise en commun, les élèves peuvent **modifier leur premier jet**.
Puis ramasser leurs brouillons afin de les corriger selon les habitudes de classe.
Conserver les affiches avec les aide-mémoires : elles seront utiles à l'étape suivante.

4 Recopier son exposé au propre et le présenter ⏱ 30 min

Les élèves recopient au propre leur exposé puis s'entrainent à le présenter sans le lire.

• **Afficher l'étiquette de l'étape 6 :**

★ **6. Ce que nous présentons aux autres** ★

Rendre les premiers jets des exposés corrigés à chaque binôme. Inviter les élèves à **recopier, au propre,** les paragraphes de leur exposé.

Par deux, rédigez au propre et illustrez votre exposé sur Louis XIV.

Distribuer des feuilles A4 à chaque groupe pour qu'il puisse recopier un bloc par feuille. Une fois le recopiage terminé, distribuer les images pour illustrer les paragraphes. Puis donner une feuille A3 à chaque binôme pour qu'il y colle les blocs découpés (dans les feuilles A4) et les images.

Il est aussi possible d'utiliser le traitement de texte pour mettre au propre l'exposé (compétences PIX).

• Une fois le travail finalisé, entrainer les élèves **à oraliser** leur exposé sans le lire.

Par deux, entrainez-vous à présenter votre exposé à la classe avant de le présenter à vos parents. L'un s'entraine à reformuler ce qu'il a compris. Au signal, l'autre pourra rectifier et compléter.

Préciser qu'il est interdit de lire les textes : ils peuvent s'aider de leurs affiches avec les aide-mémoires pour « dire » au lieu de lire.

Les co-concepteurs ont remarqué une nette amélioration de la prestation orale grâce aux aide-mémoires.

Laisser les élèves s'entrainer environ **15 minutes.**

• Pour la mise en commun, inviter au moins un binôme volontaire **à présenter son exposé.** Afficher leur production au tableau afin que les deux élèves la présentent (avec ou sans leur affiche aide-mémoires).

Faire un retour immédiat selon les deux critères de réussite :

– les élèves n'ont pas lu leur exposé ;

– ce qu'ils ont reformulé était compréhensible et juste.

• Puis demander aux élèves de se mettre par 4 pour que chaque binôme présente son travail à un autre binôme. Tous les élèves doivent présenter au moins un paragraphe. Chaque binôme fait un retour selon les deux critères de réussite, ci-dessus.

• **Conclure** en récapitulant les six étapes qui ont permis de bâtir l'exposé.

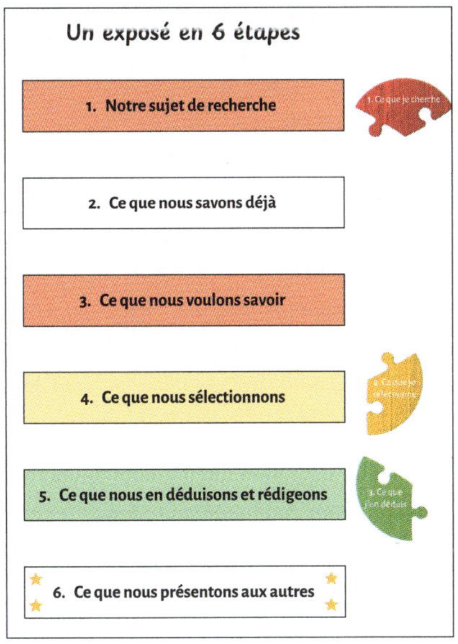

• Chaque élève repart avec l'exposé de son choix : la galerie des glaces ou Louis XIV afin de le présenter à ses parents. Il pourra s'appuyer sur ses affiches des aide-mémoires, si nécessaire. Ainsi, les binômes échangent leurs exposés à tour de rôle.

Proposition de mots aux parents pour présenter le projet :

Date ....

Madame, Monsieur

La classe de votre enfant a appris à faire des exposés.

Votre enfant va vous présenter son exposé sur la galerie des glaces ou sur Louis XIV. Puis il pourra vous expliquer comment il a procédé pour le réaliser.

Nous vous invitons à poursuivre la visite du château de Versailles en visionnant le webdocumentaire « Il était trois fois Versailles » : https://urlz.fr/9KiJ.

Nous vous remercions pour votre collaboration.

Signature de l'enseignant·e

Prolongement

Afin de découvrir l'onglet « œuvres d'art » du château de Versailles, visionner la présentation du portrait de Louis XIV peint par Hyacinthe Rigaud.

Ce prolongement n'apporte rien de plus sur l'apprentissage des stratégies de lecture mais renforce les connaissances sur le personnage de Louis XIV.

Exemples d'exposés réalisés lors des tests en classe :

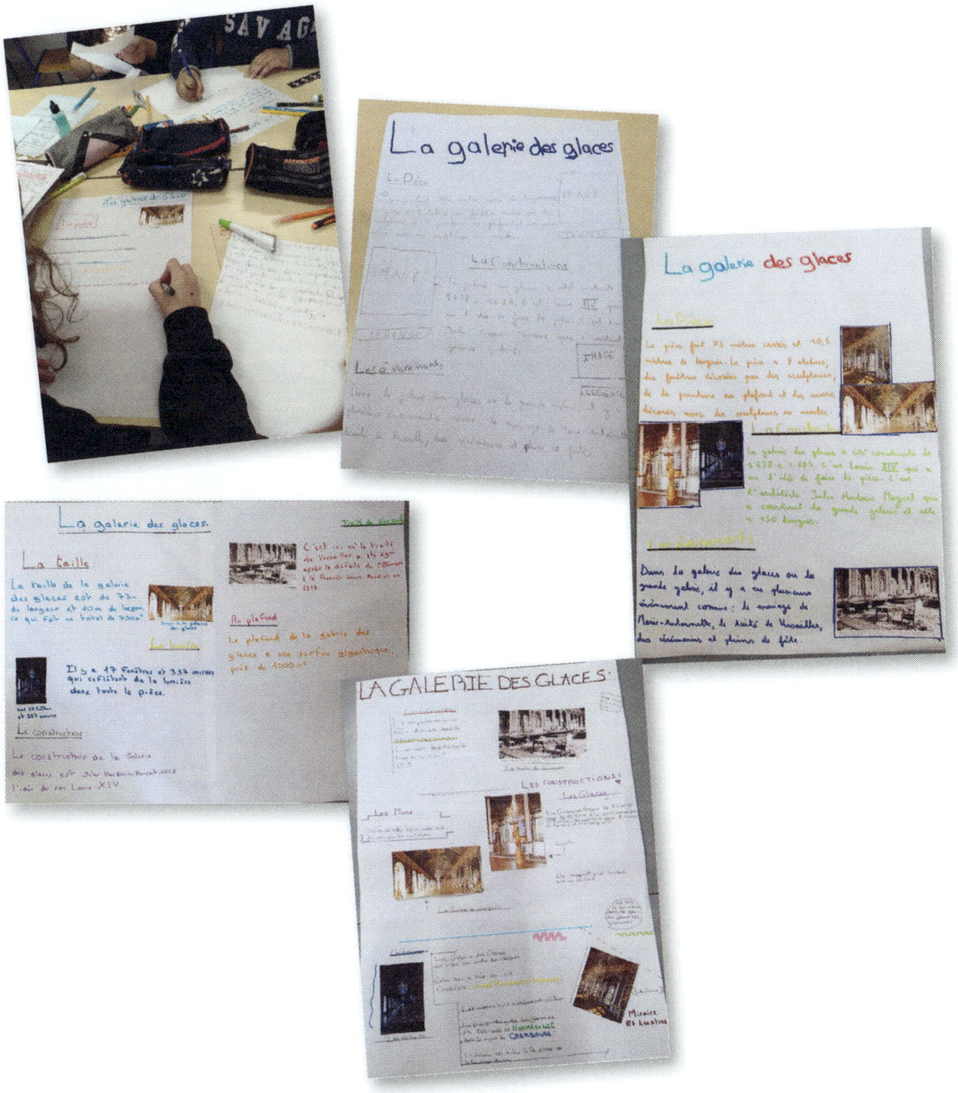

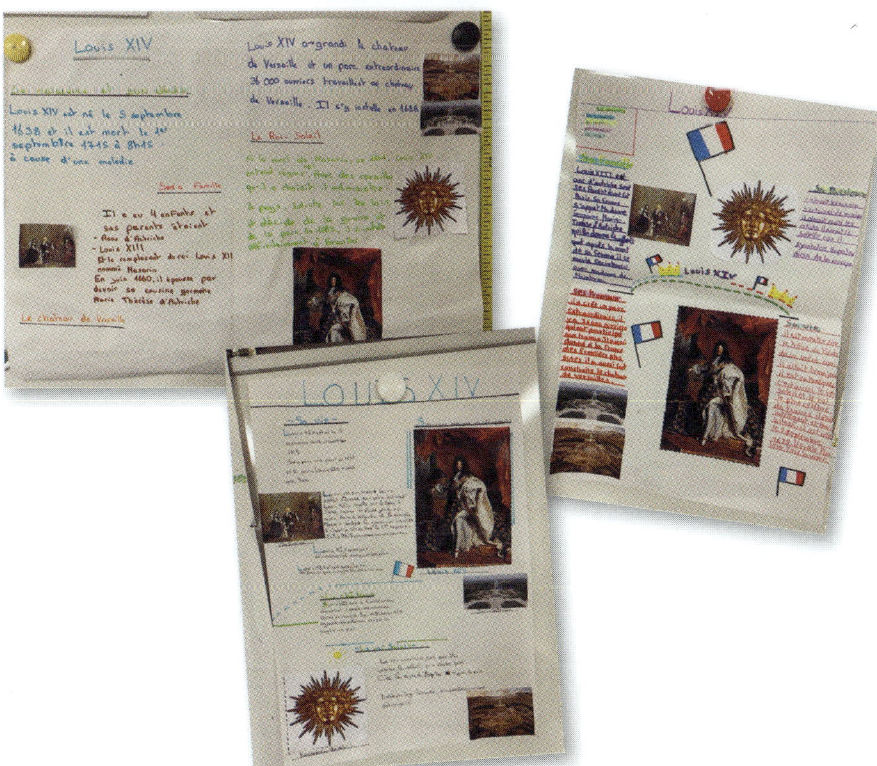

Mode d'emploi de l'application

1 Télécharger l'application

Télécharger l'application en suivant les indications de la p. 2 de couverture.
Dézipper (Extraire tout) le dossier obtenu et l'ouvrir.

- **Sur PC :** Double-cliquer sur le fichier « Lecture_Doc_PC.exe » et suivre les étapes d'installation jusqu'à la fin. Une icône s'affiche alors sur le « Bureau » : double-cliquer dessus pour lancer l'application.
- **Sur Mac :** Double-cliquer sur « Lecture_Doc_MAC » puis glisser l'application dans le dossier « Applications ». Aller dans le dossier « Applications » et double cliquer sur « Lecture_Doc ».
- **Sur Linux :** Double-cliquer sur « Lecture_Doc_linux64.tar.gz » puis décompresser le dossier. Double-cliquer sur l'application pour l'ouvrir.

La clé d'activation permet d'installer l'application 5 fois.

2 Naviguer dans l'application

Cliquer sur le logo pour accéder au site des éditions Retz.

Cliquer sur un module pour accéder aux ressources.

Cliquer sur le bandeau supérieur pour retourner à l'écran d'accueil.

Cliquer sur le nom d'un épisode pour afficher son contenu.

Cliquer sur un de ces boutons pour accéder directement à un autre module, sans repasser par l'écran d'accueil.

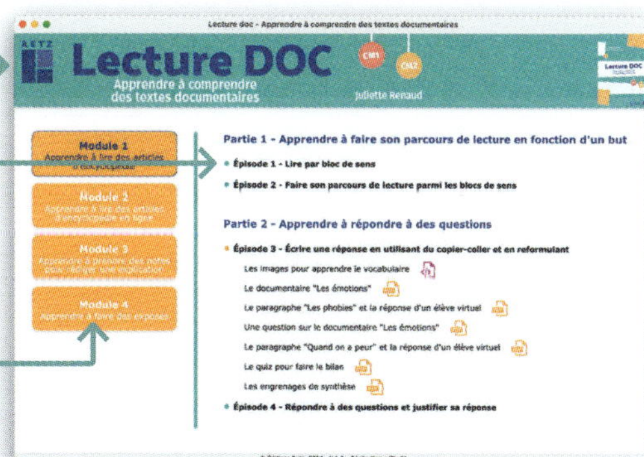

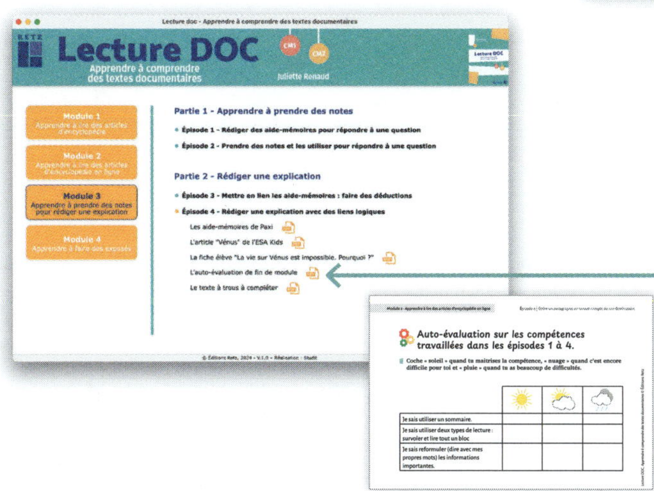

Cliquer sur le nom du document à vidéoprojeter.

Le document s'affiche dans une nouvelle fenêtre.

N° de projet : 10295649.
Achevé d'imprimer en France en octobre 2024,
sur les presses de l'imprimerie Dupliprint.
N° d'impression : 2993683M